왜 인공지능이 문제일까?

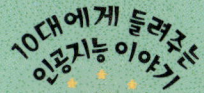

왜 인공지능이 문제일까?

조성배 지음

자음과모음출판사

인공지능 기술은 인간지능의 본질을 규명하고
이를 인공적으로 재현하려는 기술이다.
대담하게 해석하면 '인간처럼 생각하고 감정을 가지며
창의성을 발휘하는 기계를 만드는 기술'이라고 할 수 있다.
지금 이 기술은 생성형 인공지능이란 이름으로
기대와 두려움에 둘러싸여 인간이 지능으로 이루었던
영역을 향해 발을 내딛고 있다.

"컴퓨터는 향후 100년 이내에 AI를 통해
인간을 따라잡을 것이다. 그렇게 되면
컴퓨터가 인류와 같은 목적을 갖도록 해야 한다."

스티븐 호킹(물리학자)

 온 세상이 인공지능으로 들썩이고 있다. 인공지능
은 하루에도 몇 번씩 매스컴에 오르내리고, 기업의 주
가를 좌지우지하기도 하며, 국가 경쟁력의 핵심 요소
로까지 거론되고 있다. 유사 이래 이처럼 널리 회자된 기술이 있었나
싶을 정도다. 도대체 인공지능이 무엇이기에 이러한 소동이 벌어지
고 있을까?

어릴 적 만화영화에서 나쁜 무리와 맞서 싸우고, 보고 듣고, 스스
로 판단하는 로봇을 보면서, '과연 나와 로봇은 무엇이 다를까?'라는
궁금증을 가져 본 적이 있을 것이다. 오래전부터 많은 과학자가 인간
과는 다른 지적 존재에 관한 연구를 진행해 왔지만, 그 실체는 먼 미
래에나 열릴 인류 최후의 비밀 상자로 여겨져 왔다.

그러던 중 2015년, 인공지능 시대의 본격화를 알린 알파고가 등장
했다. 2016년 3월에 있었던 이세돌 9단과 알파고의 바둑 대결은 세
간의 이목을 끌었다. 대국 결과, 한낱 컴퓨터 프로그램이 인간을 이겼

다는 사실은 많은 이에게 충격과 공포, 그리고 호기심을 동시에 안겨 주었다. 이후 사람들은 인공지능에 큰 관심을 가지게 되었다.

인공지능은 급속도로 발전하여 이제 물리학, 화학 등 과학 전반에 걸쳐 혁신적인 발견을 이끌며 과학 발전에도 크게 기여하고 있다. 2024년 노벨 물리학상은 인공신경망 기반 기계학습의 기초를 마련한 공로로 존 홉필드(John Hopfield)와 제프리 힌턴(Geoffrey Hinton)에게 수여되었고, 노벨 화학상은 단백질 구조 예측을 위한 알파폴드 모델 개발로 데미스 하사비스(Demis Hassabis)와 존 점퍼(John Jumper), 데이비드 베이커(David Baker)가 수상했다. 이미 시각과 언어 기능에서 인간의 능력을 뛰어넘는 인공지능이 속속 개발되어, 이대로 가다가는 조만간 자의식을 지닌 인공지능이 인간을 지배하는 공상 과학 영화 속 장면이 실현되는 것은 아닐지 우려하는 목소리도 커지고 있다.

인공지능은 컴퓨터를 이용해서 인간의 지능을 모사하는 기술이다. 오래전부터 논리학이나 규칙, 확률 등을 총동원하여 지능을 흉내 내보려 했지만, 애초에 지능이 어떤 식으로 발현되는지조차 모르는 상태에서 제대로 될 리가 없었다. 이를 극복하기 위해 신경망을 여러 층으로 만들어 좀 더 복잡한 입출력 관계를 모사하는 딥러닝 기술이 시도되었다. 컴퓨터 성능이 비약적으로 발전하고 매개변수를 추정하기에 충분히 많은 양의 데이터가 제공되면서 오늘날의 성공적인 인공지능은 거의 모두 딥러닝을 기반으로 하고 있다.

최근에는 더 방대한 데이터로 커다란 신경망의 매개변수를 결정하여 순차적인 단어들의 다음에 어떤 단어가 나오면 가장 자연스러울지 계산하는 '대규모 언어 모형(Large Language Model, LLM)'이 생성형 인공지능이란 이름으로 놀라운 성능을 보여 주고 있다.

언어 모형의 성능은 데이터의 양, 모델의 크기, 연산량이 증가함에 따라 비례적으로 향상된다는 스케일링 법칙(scaling law)이 확인되었다. 이를 기반으로 질문을 입력해서 답변을 출력하는 식으로 매개변수들을 미세 조정한 결과가 바로 챗GPT(ChatGPT)와 같은 대화형 인공지능이다. 입출력의 크기를 크게 하면 단순한 질의응답을 넘어, 책 한 권을 넣어서 또 다른 책 한 권이 나올 수 있게 되면서 지능이 요구되는 다양한 기능이 손쉽게 완성될 수 있게 되었다. 최근 인공지능 분야는 '크기의 싸움' 양상을 보이며, 여러 빅테크 기업이 챗GPT, 제미나이(Gemini), 그록(Grok), 클로드(Claude), 퍼플렉시티(Perplexity) 등 다양한 모델을 경쟁적으로 발표하고 있다.

순차적인 단어들의 다음에 나올 단어를 계산하는 방식으로 놀라운 결과를 내는 LLM은 텍스트에만 국한되지 않는다. 영상이나 오디오, 비디오 등도 순차적으로 나눌 수만 있다면 동일한 방식으로 LLM을 만들 수 있다. 이를 대규모 멀티모달 모형(Large Multimodal Model,

LMM)이라고 한다. 범용 인공지능(Artificial General Intelligence, AGI)을 완성하기 위해서는 보다 혁신적인 기술이 필요하겠지만, 현재의 기술만으로도 특정 분야에서 유용한 인공지능을 구현할 수 있다. 예컨대, 의료 분야에서는 바이오메디컬 인공지능이 방대한 의료 지식과 데이터를 통합하여 진단 및 치료를 지원하고, 새로운 치료법 개발에도 기여하고 있다.

이러한 인공지능의 성공은 고성능 컴퓨팅에 의존하고 있어서, AI 반도체 수요가 급증하고 이를 뒷받침하기 위한 전력 수요 또한 크게 늘면서 전력 회사들의 주가가 크게 상승하였다. 미국에서는 '스타게이트'라는 펀딩을 통해 대규모 데이터센터를 구축하고자 하는데, 이러한 움직임에 제동을 건 사건도 발생하였다. 중국에서 출시된 딥시크(DeepSeek)는 미국의 규제를 뚫고 저사양 GPU를 이용해서 저비용으로 고성능 인공지능 모형을 개발할 수 있다는 가능성을 보여 주었다. 이로부터 미국 빅테크 기업들의 주가가 하락하고 금융시장의 변동성이 확대되었으며, 공급망 재조정과 비용 구조 혁신을 촉진하는 계기가 되어 글로벌 기술 경쟁을 한층 가속화하고 있다.

앞으로 인공지능 기술이 고도화될수록 자동화 수준은 더욱 높아질 것이다. 이를 통해 인간 사이에서의 커뮤니케이션 방식으로 인공지능과 협업하는 세상이 올 것으로 예상된다. 아직 미완성 단계라 더욱 발전할 여지는 있지만, 아무리 기술이 발전해도 인공지능은 완벽할 수 없으며, 특정 기능을 잘한다고 해서 그 외의 다른 기능도 잘할 것이라 단정할 수 없다. 생성형 인공지능의 열기에 들떠서 갑론을박에 시간을 낭비하기보다는, 이를 어떻게 활용해야 우리 삶에 도움이 될지 진지하게 고민해야 할 시점이다.

이 책은 인공지능의 실체를 이해하는 데 도움을 주고, 나아가 인공지능이 우리 사회, 경제, 법률, 윤리에 어떤 영향을 가져올 것이며, 인공지능은 우리에게 어떤 존재여야 하는지 생각해 보고자 한다.

1장에서는 SF 영화에 등장하는 인공지능을 통해 사람들이 생각해 온 인공지능의 모습을 살펴보고 로봇의 형상을 벗어던진 인공지능은 어떨지 상상해 본다. 또한 기계에 지배당하는 공포가 현실로 다가올 수 있다는 경고를 발판 삼아 인공지능이 가져올 수 있는 문제점도 짚어 본다.

2장에서는 이러한 경고에 어떤 의미가 있는지 확인하기 위해 먼저 우리 주변에서 볼 수 있는 인공지능을 알아본다. 우리가 잘 알아차리지 못하지만 이미 일상생활에 깊이 들어와 있는 인공지능이 꽤 많다. 또 인공지능이 인간보다 더 잘하는 일들은 어떤 것인지 인공지능의 가능성을 가늠해 본다.

3장에서는 인공지능이 태동한 때부터 오늘까지의 역사를 간략하게 다룬다. 이어 인공지능을 구현하는 기술을 크게 지식 기반 방법론과 데이터 기반 방법론으로 나눠 그 원리를 설명하고, 대표적인 예로 'IBM 왓슨'과 '구글 알파고'의 작동 원리를 소개한다. 이를 통해 인공지능 기술의 큰 윤곽을 그려 볼 수 있을 것이다.

인공지능을 구현하는 기술은 상당히 많다. 4장에서는 그중 대표적인 기술의 원리를 설명한다. 문제를 인공지능의 언어로 표현해 목표를 탐색하는 기술과 지능에 필요한 지식을 논리적으로 표현해 추론하는 기술도 알아본다. 인간의 두뇌 구조를 본뜬 기계학습 방법인 신경망과 신경망의 학습 방법인 딥러닝, 대규모 언어 모형과 생성형 인공지능을 소개한다. 조금 어려울 수 있지만 기본 원리를 중심으로 천천히 살펴볼 것이다.

5장에서는 산업 분야에서 인공지능이 어떻게 활용되고 있는지 살펴본다. IT 업계에서 인공지능을 응용한 기계번역을 개발한 사례와 그 밖의 산업에서 인공지능을 응용할 수 있는 방안을 알아본다. 이미 인공지능은 디스플레이나 반도체 제조 공정에서 불량품을 자동으로 찾아내거나, 금융 분야에서 투자 자문이나 상품 추천을 하는 로보어드바이저로 쓰이고 있다.

6장에서 8장까지는 인공지능과 관련한 여러 사회 문제를 다룬다. 인공지능은 단순히 기술에 그치지 않고 일자리와 법률, 윤리까지 광범위한 문제에 영향을 미친다. 예를 들어 자율주행차를 활용하기 위해서는 안전하게 운전하는 인공지능 기술뿐만 아니라 사고에 따른 법적인 책임이나 윤리적인 기준도 필요하다.

6장에서는 인공지능 기술로 변화할 일자리 문제를 살펴본다. 영국에서 조사한 일자리 보고서에 근거해 일자리 변화를 예상해 보고 이에 대처하려면 무엇을 준비해야 하는지도 생각해 본다.

7장에서는 인공지능 시대에 필요한 법과 규제를 자율주행차와 로보어드바이저, 의료 인공지능 시스템 등을 통해 알아보고, 8장에서는 자율주행차와 챗봇의 사례로 인공지능에 윤리를 어떻게 강제할 수 있는지 살펴본다.

9장에서는 인공지능과 공존하는 미래를 그려 본다. 4차 산업혁명을 위한 인공지능의 역할과 인간을 뛰어넘는 초지능의 가능성, 인공지능 시대를 맞아 정부와 기업 그리고 우리가 무엇을 준비해야 할지 고민해 본다. 마지막으로 인공지능을 어떻게 활용할 수 있는지 단기·중기·장기로 나눠 살펴보고 인공지능의 미래상을 전망한다.

갈수록 큰 관심을 받고 있으며 그 영향력이 확대되고 있는 인공지능을 청소년도 이해할 수 있도록 돕는 책을 쓰고자 펜을 들었다. 30여 년간 인공지능을 연구해 온 사람으로서 전하고 싶은 이야기는 많았지만 가능한 한 쉽게, 그러나 본질은 놓치지 않으려 노력했다. 인공지능은 단순한 기술이 아니라 인간 사회의 일자리와 법, 윤리에까지 두루 영향을 미치는 주제이기 때문이다.

인공지능과 공생할 미래가 눈앞에 다가와 있다. 우리 청소년들이 인공지능에 대해 막연한 공포심이나 과도한 기대를 갖기보다는 인간에게 편의를 주는 도구로 올바르게 이해하고 활용했으면 한다. 나아가 인공지능을 통해 새로운 아이디어를 펼치고 세계와 경쟁하면서 미래 사회의 주역으로 성장하길 기대한다. 이 책이 인공지능 시대를 살아가는 모든 이에게 좋은 길잡이가 되기를 바란다.

차례

1장

SF영화가 그려낸 인공지능의 모습

많은 사람에게 인공지능은 아직 SF영화 속 이야기이다. 인간처럼 감정을 갖고 경험으로 지식을 축적하는 인간형 로봇에서부터 대화로 공감대를 형성하거나 두뇌를 복제해 자의식을 갖는 인공지능 이야기는 이제까지 재미있지만 불가능한 허구로 여겨지곤 했다. 그런데 최근 빌 게이츠(Bill Gates)나 스티븐 호킹(Stephen Hawking)과 같은 과학자들이 약속이나 한 듯 일제히 인공지능에 우려를 내보이고 있다. 한 걸음 더 나아가 미래학자 레이 커즈와일(Ray Kurzweil)은 2045년이면 기계의 지능이 인간을 뛰어넘는 특이점(singularity)에 도달한다고까지 예측하고 있다. 정말 그럴까? 먼저 영화 속 인공지능으로 우리가 꿈꿔왔던 인공지능의 모습을 알아보자.

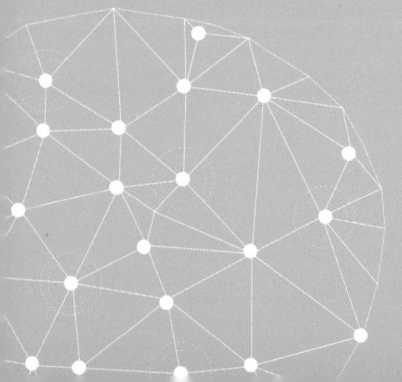

로봇, 초창기 영화에 등장하는 인공지능

인간의 모습을 한 로봇 영화는 꽤 오래전부터 할리우드 영화의 단골 소재였다. 이 영화들은 기계가 인간과 같은 감정이나 지능을 갖는다면 어떤 일이 벌어질지를 주로 다룬다. 〈아이, 로봇(I, Robot)〉은 SF소설의 전설로 불리는 아이작 아시모프(Isaac Asimov)의 소설을 바탕으로 만들어져 2004년 개봉했다. 로봇과 인간이 공존하는 미래 사회에서 주인공인 형사가 로봇개발자를 살해한 범인을 추적하는 내용으로 결론적으로 로봇의 자유의지를 다루고 있다. 영화의 배경은 지금부터 10년이 채 남지 않은 2035년이다.

2015년 개봉한 영화 〈채피(Chappie)〉에 등장하는 로봇은 대단한 지능이 완성된 로봇이 아니다. 마치 어린아이처럼 기초적인 기능만 장착한 주인공 로봇은 경험과 학습을 통해 감성을 키워간다. 인간과 같은 과정을 거쳐 자라난 로봇은 결국 생존 본능을 갖게 되고 이를 두고 벌어지는 인간과의 갈등은 인간의 본성에 관해 생각해보게 한다. 인공지능이 학습을 통해 지능을 키울 수 있으며 지능의 핵심을 감성으로 삼은 아이디어가 독특한 영화다. 실제로 인공지능을 개발하는 방법 중에 씨앗 인공지능(seed AI)을 만들고 점차 환경에 적응시켜 인공지능을 완성하는 아이디어가 있는데 이를 모티브로 삼은 것으로 보인다.

〈엑스 마키나(Ex Machina)〉도 흥미로운 로봇 인공지능 영화다. 구글을 떠올리게 하는 검색엔진 기업의 프로그래머가 창업주의 별장에 초대되어 인공지능 로봇을 테스트하면서 벌어지는 이야기다. 인공지능 분야에서 지능을 평가하는 방법인 튜링테스트(Turing test)를 소재로 삼아 인공지능이 자신의 목적을 위해 인간을 어디까지 속일 수 있는지를 남녀의 애정까지 곁들여 흥미롭게 다루었다. 특히 인간과 비슷한 인격을 가진 인공지능이 등장해 우리의 생각과 행동이 본능인지 아니면 학습의 결과인지 생각하게 하면서 인간의 정체성에 의문을 제기한다.

로봇의 형상을 벗어던진 인공지능

최근 들어서는 인공지능 영화에서 로봇이 점차 사라지는 추세다. 대표적으로 〈아이언맨(Iron Man)〉에 등장하는 '자비스(JARVIS)'는 주인공에게 필요한 정보를 찾아주거나 의사결정에 필요한 조언을 하는 인공지능 프로그램이다. 자비스란 이름은 '그냥 좀 많이 똑똑한 시스템(Just A Rather Very Intelligent System)'의 줄임말로 좀 허술하게 작명한 느낌이 든다. 자비스는 딱히 로봇의 형상을 띠지는 않았지만 집을 관리하거나 비서 역할을 하고 인간의 말을 비꼬기도 하면서 감정이

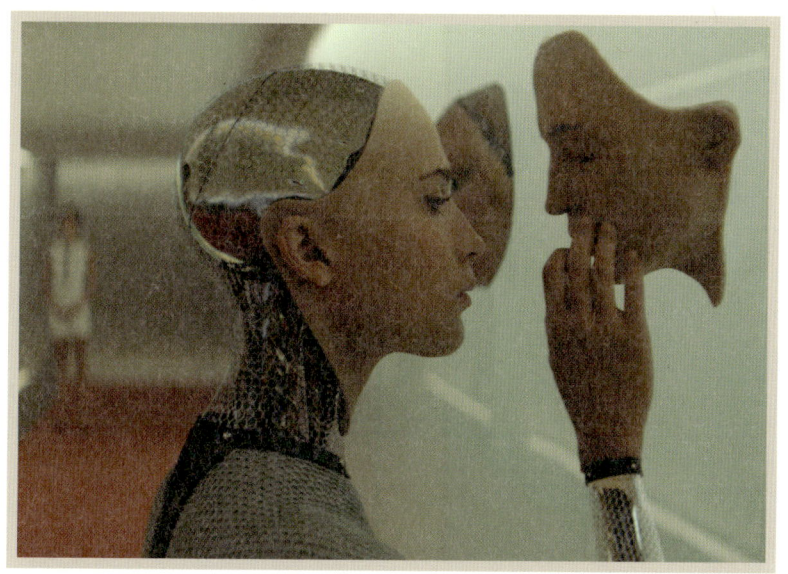

영화 〈엑스 마키나〉의 한 장면

있는 인간처럼 그려진다. 얼마 전에 페이스북 창업자 마크 저커버그(Mark Zuckerberg)가 자비스를 만드는 것이 꿈이라고 말하며 자비스처럼 스스로 간단한 기능을 하는 시스템을 공개해 화제가 되기도 했다.

영화 〈그녀(Her)〉에서 인간 주인공은 인공지능과 사랑에 빠진다. 외롭고 공허한 삶을 사는 주인공이 스스로 생각하고 느끼는 인공지능 운영체제인 '사만다'를 만나 점점 사랑을 느끼게 되는데, 최근 대화를 나눌 수 있는 인공지능 비서가 실제로 등장하면서 결코 허황된 이야기처럼만은 보이지 않는다. 단순히 대화만으로도 실체가 없는 인공지능과 사랑이라는 복잡한 감정을 느낄 수 있다는 설정이 인공지능의 실체에 좀 더 다가간 것으로도 보인다. 애플의 '시리'나 아마존의 '에코'가 발전하면 실제로 이들과 사랑에 빠지는 사람도 생겨나지 않을까 싶기도 한데, 벌써 일본의 한 30대 여성이 챗GPT로 만든 인공지능 캐릭터와 결혼식을 올린 사례도 있다.

영화 〈트랜센던스(Transcendence)〉에는 인류의 지적능력을 초월해 자의식을 갖는 슈퍼컴퓨터가 등장한다. 불의의 사고로 죽은 천재 과학자의 뇌를 컴퓨터에 업로드하면서 자의식을 갖게 된 프로그램은 온라인에 접속해 인간의 한계를 넘어 전 세계로 그 영향력을 뻗쳐나간다. 영화에 등장하는 인공지능의 수준은 다소 현실감이 떨어지지만, 뇌 속의 각 영역을 구성하는 신경세포들의 지도를 만드는 '인간 커넥톰 프로젝트(Human Connectome Project)' 연구를 연상하게도 한다.

참고로 이 연구는 기술적으로 몇몇 난관이 있지만 전혀 불가능한 일
은 아니어서 환자의 커넥톰을 분석해 어떤 신경질환에 취약한지 미
리 진단해 개인 맞춤 치료를 기대할 수 있는 수준에 와 있다.

인공지능에 대한 비관적인 생각들

영화에서 만났던 인공지능은 인류의 벗으로, 혹은 적으로 등장해
우리에게 경외심과 공포를 안겨주었다. 하지만 대부분이 허구의 존
재로 단순히 호기심을 끄는 대상일 뿐이었다. 그러나 지금, 인공지능
이 인간을 통제하는 미래가 더 이상 터무니없는 상상은 아니라는 경
고가 대두하고 있다.

빌 게이츠는 로봇의 지능이 인간의 지능을 뛰어넘어 인류를 조종
하고 통제할 수 있다는 점을 우려한다. 간호 로봇이나 과일 따는 로
봇처럼 도움을 줄 수도 있지만, 극도로 발전한 초지능의 위험은 생각
보다 훨씬 크다는 것이다. 그러므로 기계가 주는 편리함을 누리되 이
들이 초지능이 되지 않도록 관리해야 한다고 주장한다.

영화 〈아이언맨〉의 실제 모델인 테슬라의 창업자이자 우주 개발
이라는 혁신을 주도하는 일론 머스크(Elon Musk)도 섣부른 인공지능
연구는 악마를 부르는 것일 수도 있다고 말한다. 그만큼 개발에 신중

페이스북의 마크 저커버그

"AI의 개발 속도를 늦추려는 논의에는 의문이 있다. AI에 반대하는 것은 사고를 방지할 수 있는 더 안전한 자동차를 반대하는 것이며 아플 때 정확한 진단을 받는 것에도 반대하는 것이다."

물리학자 스티븐 호킹

"쉽게 말해 강력한 AI의 등장은 인류 역사상 최고 아니면 최악의 사태로 이어질 것이다. 그러나 우리는 이 중 어떤 일이 일어날 것인지 모르고 있다."

구글의 에릭 슈밋

"AI 기술이 인간을 더욱 똑똑하게 만들 것이다. 결국 인류 역사상 가장 큰 충격파를 던질 것으로 생각한다."

테슬라의 **일론 머스크**

"AI는 인류의 존재에 잠재적 위협이 될 것…… 한 회사가 AI 기술을 독점하고 AI의 개발 방향을 외부에서 결정할 수 없는 상황이 가장 위험하다."

마이크로소프트의 **빌 게이츠**

"나는 슈퍼인텔리전스가 걱정된다. 우선 기계가 우리를 위해 많은 일을 하지만 아주 똑똑해서는 안 된다. 하지만 수십 년 후에는 지능이 강화되어 걱정되는 수준에 이를 것이다."

을 기해야 한다는 말이다. 머스크는 인공지능 기술의 공개를 목표로 2016년에 '오픈AI(OpenAI)' 연구소를 설립해 첨단 인공지능을 개발하기도 했다. 세계적인 물리학자 스티븐 호킹도 인공지능이 인류의 멸망을 초래할 수 있다고 경고했다. 생물이 진화하는 속도보다 과학기술이 진보하는 속도가 더 빠르기 때문에 결국 인공지능이 스스로를 인식하고 인간의 자리를 대체할 것이라고 말이다.

이처럼 많은 사람이 비관적으로 바라보고 있지만 이들이 무조건 인공지능 개발을 반대하거나 완전히 없애야 한다고 주장하는 것은 아니다. 우려의 실체는 인간의 통제를 떠난 자동화에 대한 두려움이다. 특히 인공지능을 기반으로 한 치명적인 자율무기시스템(LAWS, Lethal Autonomous Weapons Systems)에 대한 걱정이 큰데 명령하지 않아도 스스로 전투할 수 있는 킬러 로봇 개발이 큰 문제가 되고 있다. 전세계의 석학과 IT 전문가들은 개발을 엄격히 규제해야 한다는 공동협약에 서명하기도 했다.

반면 다른 의견도 있다. 미래학자이자 구글에서 언어이해 연구를 총괄하던 레이 커즈와일은 인공지능을 두려워할 필요는 없다고 말하는 대표적인 인물이다. 그는 20세기 100년 동안 이룬 발전이 2000년의 발전 속도로는 20년이면 충분하다는 수확 가속의 법칙(The Law of Accelerating Returns)을 내세웠다. 인류가 21세기에 이룰 발전은 20세기의 1,000배가 되리라는 것이다. 이러한 전망대로라면

2045년이면 인간이 만든 기계의 지능이 인간의 지능을 뛰어넘는 특이점이 도래할 것이다. 불과 20여 년 내에 인간의 능력을 뛰어넘는 인공지능이 과연 나타날 수 있을까?

일론 머스크(1971~)

우주여행 프로젝트인 스페이스X와 전기자동차 회사인 테슬라 모터스의 최고경영자. 남아프리카공화국 프리토리아에서 공학자의 아들로 태어나 독학으로 컴퓨터 프로그래밍을 공부했으며 12살에는 비디오 게임을 만들기도 했다. 17살에 캐나다로 이주해 킹스턴의 퀸즈대학에 입학했고, 이후 미국 펜실베이니아대학교에 편입해 물리학과 경제학을 공부했다. 24살이라는 젊은 나이에 인터넷을 활용한 회사를 차려 큰돈을 벌었다. 2003년에는 테슬라 모터스를 세우고 고급 스포츠카를 생산했으며, 어린 시절의 꿈인 우주여행 계획을 성공시키기 위해 스페이스X를 만들었다. 스페이스X는 우여곡절 끝에 2008년 우주로 향하는 첫 발사에 성공했고 미국항공우주국(NASA)은 국제우주정거장(ISS)의 화물수송업체로 스페이스X를 선정했으며, 현재까지 민간업체로는 최초로 '우주 화물선'을 운행하고 있다. 더 나아가 일론 머스크는 화성에 사람이 거주할 수 있는 식민지를 2030년쯤 완성하겠다는 목표로 연구개발에 박차를 가하고 있다.

2장

주변에서 볼 수 있는 인공지능

누군가가 이 시점에서 최고의 인공지능이 뭐냐고 묻는다면 꽤 많은 사람이 구글의 알파고를 떠올릴 것이다. 바둑을 인간 최고수보다 더 잘 두는 프로그램이니 대단한 인공지능인 것만은 틀림없다. 하지만 알파고가 어떻게 만들어졌는지 이해한다면 지나친 기대는 접어둘 수 있을 것이다.

수많은 인공지능이 개발되었지만 왜 우리는 주변에서 쉽게 볼 수 없다고 여길까? 인공지능 분야의 선구자인 존 매카시(John McCarthy)의 말을 빌리자면 어떤 인공지능 시스템도 일단 완성되고 나면 더 이상 그것을 인공지능이라고 부르지 않는 경향이 있다. 그만큼 우리가 인식하지 못할 뿐 인공지능은 이미 우리 일상에서 흔히 사용되고 있다.

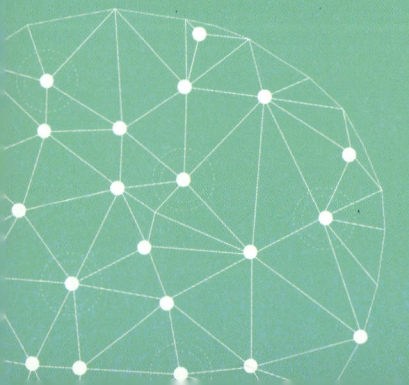

생활 속의 인공지능

집 안에서 가장 먼저 눈에 띄는 것은 여러 가전제품이다. 진공청소기가 나온 이후로 청소가 훨씬 편해졌지만 매일 집 안의 먼지를 구석구석 치우는 것은 여전히 번거로운 일이다. 그래서 등장한 것이 사람처럼 돌아다니며 하루 종일 청소하는 로봇 청소기다. 청소라는 작업이 단순해 보일지 몰라도 집 안의 구조를 파악해 깨끗하게 청소하기 위해서는 지능이 필요하다. 로봇 청소기는 집의 상태를 분석하여 쉴 새 없이 이 방 저 방을 옮겨 다니며 구석구석의 먼지를 빨아들이고 바닥의 상태에 따라 스스로 작동 방식을 바꾸기도 한다. 비슷한 방식으로 전기밥솥이나 세탁기도 쌀의 양이나 원하는 밥의 형태, 세탁물의 오염 정도 등을 고려해 작동하려면 그에 맞는 지능이 필요하다. 그래서 이러한 제품들은 대부분 인공지능을 탑재하고 있다.

우리가 늘 지니고 다니는 스마트폰도 마찬가지다. 지도를 열어 길을 찾거나 음악을 듣고 날씨를 검색할 때 스마트폰은 여러 사람들의 검색 기록이나 사용자의 기록을 바탕으로 여러 방안을 추천해준다. 심지어 인공비서 앱을 이용하면 사람의 목소리로 대화를 하거나 명령을 내릴 수도 있다. 이메일을 사용할 때면 엄청나게 쏟아지는 스팸메일에 시달리게 되는데 최근에는 인공지능이 사용자의 습관을 학습해 스팸메일을 대부분 정확하게 걸러낸다.

검색엔진이나 SNS도 마찬가지다. 인공지능으로 사용자가 원하는 콘텐츠를 바로바로 보여주고 추천한다. 요즘 인터넷에서 어떤 상품을 검색하고 나면 검색한 상품과 비슷한 성향의 상품 광고가 인터넷 창에 끊임없이 따라다니는 것도 인공지능 때문이다. 인공지능이 사용자가 인터넷에 접속해 한 모든 행동을 추적할 수 있기 때문에 이 정보를 모아 사용자가 관심이 있을 만한 상품을 끊임없이 추천하는 것이다.

집 밖에서는 어떨까? 요즘은 대형건물의 주차장에 관리자가 없는 경우가 많다. 그 대신 카메라가 자동차 번호판을 찍고 자동으로 인식해 입차 시간을 기록한 후, 출차 시에 주차 시간을 자동으로 계산해 요금을 부과한다. 이때 자동차 번호판 사진에서 밝기와 위치가 제각각인 숫자를 정확하게 인식하는 데는 고도의 인공지능이 필요하다. 우리에게는 이미 자연스러운 일상이 되어 인공지능으로 느끼지 못하지만 말이다. 주차장을 나와 엘리베이터를 탈 때 여러 대 중에 하나의 버튼만 눌러도 가장 가까운 층의 엘리베이터가 오게 하는 것도 인공지능 덕분이다. (이게 안 되는 엘리베이터라면 업그레이드가 필요한 구식이다.)

자동차에도 인공지능이 활발하게 이용되고 있다. 잠금 방지 브레이크 시스템부터 기름의 주입량을 제어하는 컴퓨터, 운전 중에도 인공지능이 주변 환경을 감지하고 적절히 반응하도록 한다. 비행기가 착륙해 특정 게이트로 향할 때도 가장 적합한 게이트를 인공지능이

무인 주차 시설은 일상에 자연스레 스며든 인공지능이다.

결정한다. 군사, 의료, 제조분야에서도 크든 작든 이미 다양한 형태의 인공지능이 도입되어 필수불가결한 요소가 되고 있다. 이렇게 들춰 보면 인공지능이 하루아침에 생겨난 개념은 아닌 것을 짐작할 수 있다.

다양한 쓰임새

아직 일상적으로 사용하지는 않지만 인공지능의 가능성을 보여주는 사례도 많다. 먼저 운전하는 인공지능이다. 신문이나 방송에서 자주 소개하는 구글이나 테슬라의 자율주행차가 대표적이다. 운전은 가속페달과 브레이크로 속도를 조절하고 핸들로 방향을 잡으면서 목적지까지 도달하는 작업이다.

아울러 교통신호를 지키면서 다른 차량이나 사람과 부딪히지 않고 가급적 빠른 시간 내에 가야 한다. 단순해 보이지만 날씨와 도로 조건, 교통량 등에 따라서 순간순간 복잡 미묘한 결정을 내려야 한다. 운전에 익숙해진 사람은 주변 상황을 보면서 감에 의존해 능숙하게 해낸다. 뒤에서 속도를 내는 차가 있으면 차선을 바꾸고 옆에 위험해 보이는 차가 지나가면 속도를 줄인다. 이와 같은 인간 운전자를 대체하는 자율주행차를 만들려는 시도는 계속되고 있다. 그러

얼굴 인식 기술은 신원확인 같은 보안 분야를 넘어 스마트폰 분야의
사진 검색 등 차세대를 이끌 중요기술로 떠오르고 있다.

2015년 다르파 세계 재난로봇 경진대회(DARPA Robotics Challenge)에서
우승한 카이스트의 재난대응로봇 '휴보2'

나 인간처럼 시각 정보에만 의존해서는 어렵기 때문에 다양한 센서를 더해 지금은 자율주행차가 거의 인간처럼 운전할 수 있는 수준에 와 있다.

요즘 사진 속 인물이 누구인지 맞추거나 유명인과 얼마나 비슷하게 생겼는지 알려주는 스마트폰 앱이 인기다. 사진에 등장하는 얼굴이 누구인지를 알아내는 기술은 인공지능 분야에서 오래전부터 연구되던 주제였다. 지금은 다양한 기술이 개발되어 조명이 밝거나 어두울 때도 잘 인식해낸다. 심지어는 안경을 쓰거나 수염을 기른 모습을 두고도 그럭저럭 비슷하게 맞추기도 한다. 더 나아가 이제는 얼굴 영상에서 미묘한 감정을 읽거나 상대를 속이고 있는지도 알아내려 한다. 우리의 눈은 말로 표현하기는 어려운, 상대방의 미묘한 감정을 파악할 수 있다. 예의 바르게 대답하지만 속으로는 짜증내고 있다거나 어눌해 보여도 진심을 담고 있다는 것을 간파한다. 인공지능은 아직 그 수준은 아니지만 많은 양의 사진을 학습하면서 그 차이를 인식할 수 있는 모형을 만들려고 시도하고 있다.

앞서 본 SF영화에서처럼 우리는 로봇에 과도한 환상을 가지고 있다. 인간의 모습을 한 로봇이 스스로 판단해서 물건을 운반하거나, 뛰어다니면서 필요한 일을 척척 해내는 것을 상상한다. 재난 상황에서 구조 활동을 하거나 자동차 조립을 대행해주는 로봇이 소개되기도 했지만, 인간처럼 능숙하게 작동하는 로봇을 제작하기 위해서는 아직 풀어야할 과제가 많다.

영국에서 개발한 요리 로봇은 적어도 주방에서만큼은 인간에 버금가는 인공지능이 탑재되어 있다. 카메라로 입력된 영상으로 레시피를 해석하고 이를 조리하기 위해 필요한 주방기구를 능숙하게 다루면서 팬케이크를 만들거나 달걀 요리를 해낸다. 로봇이 식재료나 주방기구를 적절히 사용해 요리를 하는 것은 상당히 어려운 일이다. 유리컵을 깨지지 않게 조심스럽게 다루거나 뒤집개 등을 섬세한 동작으로 쓰는 것은 고난도의 작업이다. 하지만 이제 이런 작업도 어느 정도는 할 수 있는 수준에 와 있다.

게임과 금융

기계의 지능이 인간을 뛰어넘는 특이점은 이미 일부 분야에서는 나타났다. 대표적인 것은 알파고의 활약을 경험한 게임 분야다. 체스나 바둑과 같은 게임을 잘하기 위해서는 상당한 수준의 지능이 필요하고 게임을 잘하는 사람은 지능이 높다고 여기는 경향이 있다. 이 때문에 인공지능 분야에서는 오래전부터 게임을 대상으로 인공지능을 개발해왔다.

인공지능으로 단순한 보드게임인 '틱택토(tic-tac-toe)'나 '8-퍼즐'

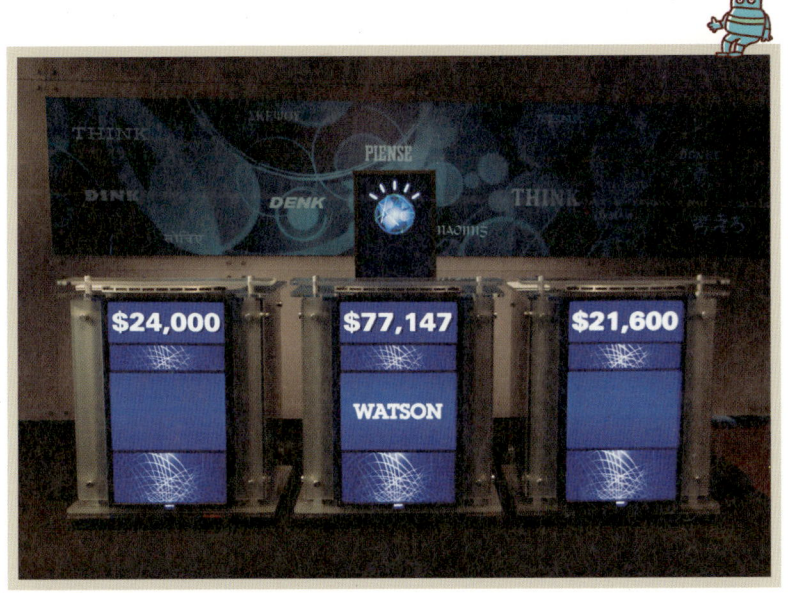

퀴즈쇼 제퍼디에 출연한 IBM 왓슨

은 간단하게 해결할 수 있었지만 체스는 이보다 좀 어려운 문제였다. 하지만 1997년에 IBM에서 개발한 '딥블루'가 당시 세계 챔피언인 게리 카스파로프(Garry Kasparov)를 이기면서 인간 최고수를 이긴 인공지능이 되었다.

이와는 조금 다른 유형의 게임인 퀴즈대회에서도 인간 챔피언을 이긴 인공지능이 있다. IBM의 왓슨은 상식적인 수준의 질문을 두고 심층 질의응답(Q&A)을 할 수 있다. 퀴즈를 풀기 위해서는 방대한 지식을 바탕으로 문제를 해석해, 문제가 내포한 의미를 파악해야 한다. 왓슨이 등장하기 이전에는 인공지능이 한정된 분야에 관한 전문적 지식만 그럭저럭 처리한다고 여겼을 뿐 퀴즈대회에서 인간보다 신속하고 정확하게 답을 맞추는 것은 어렵다고 여겼다. 하지만 2011년에 인공지능인 왓슨은 이러한 생각을 넘어 인간 최고수를 이기고 말았다.

이제 인공지능의 영역은 게임 분야를 넘어 점차 넓어지고 있다. 그 선두에는 금융 투자가 있다. 흔히 '로보어드바이저'로 알려진 인공지능이 실제로 투자에 참여해 인간 투자자의 수익률을 뛰어넘는 결과를 내고 있다. 덕분에 업계에서는 발 빠르게 로보어드바이저를 도입하고 있다. 보통 주식투자에서는 저평가된 종목을 발굴해 싸게 사서 비싸게 파는 방식으로 투자 수익을 올린다. 이때 어떤 종목을 어떤 시점에 매매할지를 결정하는 것이 가장 중요하다. 여기에 영향을 미치는 요인은 워낙 많기 때문에 투자 고수들은 다년간의 경험과 감으로 투자한다. 그러나 로보어드바이저는 방대한 데이터를 분석해 빠르고 객관적으로 결정을 내릴 수 있어 높은 수익을 올리고 있는 것이다.

금융 분야는 물론이고 의료나 법률 분야에서도 인간보다 뛰어난 결과를 내는 인공지능을 만들어낼 수 있을 것처럼 보인다. 이런 사례

로보어드바이저(robo-advisor)

로봇(robot)과 투자전문가(advisor)를 합해 만든 말이다. 알고리즘과 빅데이터를 활용해 자산관리를 해주는 인공지능으로 직접 금융회사로 가서 사람을 만나지 않고도 온라인 속에서 이루어지는 맞춤형 서비스를 제공한다. 예를 들면 이용자가 모바일 앱을 내려받은 뒤 앱에서 자산과 연봉과 원하는 노후준비, 내 집 마련, 자녀교육 같은 미래 목표를 설정하면 컴퓨터가 알아서 목표와 위험 수용도에 맞게 포트폴리오를 짜준다. 주식과 채권, 저금은 어느 정도의 비율로 가지고 있으면 좋을지, 집은 언제 사는 게 좋을지, 또 어떤 펀드가 이용자에게 맞는지 골라주기도 한다. 온라인으로 운영되므로 시간과 장소에도 제약을 받지 않는다. 직접 전문가를 만나는 것과 비교해 비용도 싸고 적은 돈의 투자 상담도 가능하다. 이런 장점들 때문에 로보어드바이저는 금융시장에서 빠른 속도로 성장 중이다.

가 계속 쌓이면 결국 인공지능이 완성되는 것일까? 다음 장에서 인공지능의 역사를 통해 그 답을 찾아보자.

구글 알파고의 인공지능

알파고는 바둑에서 인간 최고수 이세돌 9단을 이긴 인공지능이다. 알파고가 승리하면서 알파고가 둔 수가 대단한 기력을 갖고 있는 것처럼 여겨지고 지능이 있는 존재로 의인화되기도 했다. 하지만 알파고는 바둑에서 다음 수를 결정하는 컴퓨터 프로그램일 뿐이다.

바둑은 19줄의 가로선과 세로선이 만나는 격자 위에 검은 돌을 갖고 있는 측과 흰 돌을 갖고 있는 측이 번갈아서 돌을 놓는 게임이다. 이때 내가 놓은 돌이 상대방 돌을 완전히 감싸면 그 공간 안에 있는 상대방 돌을 따낼 수 있는데 그 공간을 집이라고 한다. 이와 같은 방식으로 번갈아가면서 돌을 놓다가 더 이상 놓을 돌이 없을 때, 각자의 집 수를 세어서 더 많은 쪽이 이기는 것이다. 단순한 게임처럼 보이지만 고수들은 이기는 수를 놓기 위해 포석을 한다든지 기풍을 따르는 식으로 학습한 직관을 활용하는데, 이를 모방한 컴퓨터 프로그램은 대부분 인간 고수들에게 상대가 되지 않았다. 고수의 직관을 컴퓨터로 표현하기 어려웠기 때문이다.

이를 해결하기 위해 인공지능 분야에서는 매번 차례가 돌아왔을 때 남은 바둑판의 격자 중에서 어디에 수를 두면 이길 가능성이 높은지를 체계적으로 따지는 게임트리(game tree) 방식을 사용했다. 즉 실제 수를 두기 전에 가능한 모든 수를 계산하고 그에

▌이세돌 9단과 알파고의 경기 모습

따라 상대방이 둘 수 있는 모든 수를 따져보고, 다시 그 각각의 상황에 따라 가능한 수까지 따져보는 방식으로 끝까지 시뮬레이션(simulation)을 해서 이길 가능성이 가장 높은 수를 결정하는 것이다.

문제는 이와 같이 시뮬레이션을 하는 데 시간이 너무 많이 걸린다는 것이다. 이를 해결하기 위해 게임트리의 폭이나 깊이를 줄였는데 이때 휴리스틱(heuristic)이라는 경험 지식을 함수로 만들어서 사용한다. 알파고도 마찬가지다. 다만 특별한 것은 이 휴리스틱을 사람이 직접 만드는 것이 아니라, 많은 양의 데이터를 바탕으로 인공지능이 자동으로 만든다는 점이다. 특히 프로 기사의 기보(바둑을 둔 내용의 기록) 16만 개를 사용 해서 휴리스틱 함수를 만들었는데, 일반적인 통계나 기계학습(machine learning) 방법으로는 잘 되지 않아 딥러닝(deep learning)으로 불리는 신경망(neural network) 기술을 사용했다.

16만 개의 기보도 상당히 많은 데이터인 것은 분명하지만 바둑에서 둘 수 있는 모든 수를 포함하지는 못한다. 그래서 인공지능은 새로운 데이터를 만들어서 사용하기 시작했다. 16만 개의 기보로 휴리스틱 함수를 만든 프로그램 2개가 서로 바둑게임을 해서, 이긴 프로그램의 신경망 값을 높이고 진 프로그램의 신경망 값은 낮추는 방식으로 개선해나간 것이다. 심층 강화학습(deep reinforcement learning)으로 부르는 이 방식을 두고 흔히 스스로 학습한다고 하는데 실은 신경망의 가중치를 데이터로부터 자동으로 계산한다는 것이 좀 더 정확한 표현이다.

그렇다면 구글은 왜 알파고를 만들었을까? 오로지 세상에서 가장 바둑을 잘 두는 프로그램을 만들기 위해서였을까? 물론 알파고에 바둑을 가르치는 기능까지 넣어서 팔면 꽤 수입을 올리겠지만, 그것만으로는 6,000억 원을 투자한 이유를 납득하기 어렵다. 구글이 정말 이루고 싶은 것은 바둑을 잘 두는 과정을 발판 삼아 의학 치료나 기후 예측, 금융 투자 등에서 인간 최고수의 직관을 뛰어넘는 기술을 인공지능에 적용하는 것이다. 실제로 이 기술을 기반으로 만든 알파폴드는 단백질의 3차원 구조를 정확하게 예측하여 신약 개발 등에 혁혁한 파급효과를 내고 있다. 이것은 방대한 데이터를 기반으로 객관적인 의사결정을 해야 하는 문제에는 확실히 유용한 기술이 될 것이다.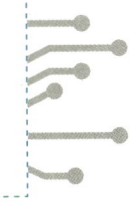

3장

어떻게
발전해왔을까?

SF영화 속의 허구 혹은 먼 미래의 이야기로 여겨졌던 인공지능이 알파고 덕분에 현실로 부쩍 가깝게 다가왔다. 인공지능을 다룬 뉴스가 쏟아지는 요즘, 어떤 사람들은 인공지능이 스스로 학습하고 터득해 곧 인간을 대체할 것처럼 호들갑을 떨기도 한다. 반면에 인공지능을 좀 안다는 사람들은 이미 몇 차례 있었던 소동의 연장선으로 보고 얼마 지나지 않아 곧 실체가 드러날 것이라며 시큰둥한 반응을 보이기도 한다. 무엇이 진실일까?

인공지능에 대한 정의는 연구하는 사람들 사이에서도 의견이 분분하다. 딱 한마디로 정의하기 어려운 추상적인 개념이기 때문이다. 이를 감안해서 인공지능 연구를 원론적으로 정의하자면 '인간 지능의 본질을 규명하고 이를 인공적으로 재현하려는 기술이나 학문'이라고 할 수 있다.

이를 대담하게 해석하면 '인간처럼 생각하고 감정을 가지며 창의성을 발휘하는 기계를 만드는 기술'이라고 할 수도 있는데 이것이 미국의 철학자 존 설(John Searle)이 말하는 강한 인공지능(strong AI)이다. 반면 인간의 지능을 모방해 특정한 문제를 풀기 위한 기술을 약한 인공지능(weak AI)이라고 한다. 다소 김빠질지 모르지만 현재 거론되는 인공지능은 대부분 약한 인공지능을 의미한다.

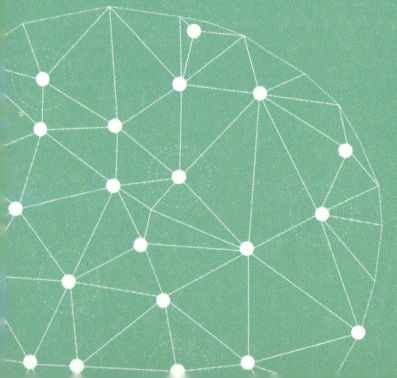

시작

인공지능이란 말은 1956년 다트머스대학교에서 개최된 회의에서 처음 등장했다. 인간의 기억과 연산을 데이터의 저장과 계산으로 모방하는 컴퓨터가 발명된 지 10여 년이 지나면서 인간처럼 추론해 문제를 해결하는 기계도 그 연장선상에서 만들 수 있으리라 기대했던 것이다. 이 회의의 핵심 인물로 허버트 사이먼(Herbert Simon), 앨런 뉴웰(Allen Newell), 존 매카시와 함께 얼마 전 세상을 떠난 마빈 민스키(Marvin Minsky)를 들 수 있다. 모두 인공지능 분야에서는 전설적인 인물들이며 이 중에서 사이먼은 노벨 경제학상을 수상하기도 했다.

이 회의를 기점으로 10여 년간 인간의 문제해결 방식을 모방한 여러 방법이 제안되었다. 금방이라도 인공지능이 완성될 것 같은 분위기였다. 하지만 시험 단계인 단순화된 문제(toy problem)에서 성공한 방법들이 복잡한 현실 문제 앞에서는 잘 통하지 않았다. 돌파구가 보이지 않는 시간이 길어지면서 결국 인공지능 개발은 초기의 열기 못지않게 급속도로 얼어붙었고 차가운 겨울의 시대를 맞이하게 되었다. 연구 지원이 끊기고 연구자들도 떠나갔다.

1980년대에 이르러 인공지능에 지식과 규칙을 활용하는 방법이 도입되면서 실용적인 문제에 활용할 수 있는 인공지능인 전문가 시스템(expert system)이 등장해 큰 관심을 끌었다. 하지만 이 방법으로 인공지능을 만들려면 엄청나게 많은 지식을 입력하고 관리해야 한다는 문제에 봉착하면서 인공지능 발전은 또다시 겨울의 시대로 들어섰다.

한동안 세간의 관심 밖으로 밀려난 인공지능이 절치부심하는 중에 세상은 변하고 있었다. 인터넷이 퍼지면서 검색엔진과 웹을 통해 수많은 데이터를 손쉽게 얻을 수 있게 되었고 이를 이용하는 인공지능 기술인 '기계학습(machine learning)'이 서서히 보급되었다. 최근에는 그중에서 '신경망(neural network)'과 '딥러닝(deep learning)'의 성능이 인간을 뛰어넘는 사례가 생겨나면서 인공지능을 향한 관심이 다시 커지기 시작했다.

인공지능은 인간의 지능을 모방하는 기술이어서 인공지능을 설명하는 용어도 인간의 기능에서 따온 것이 많다. 그래서 '스스로' 혹은 '알아서 학습한다'는 식의 표현이 기술의 본질을 망각한 과대포장으로 해석되기도 한다. 하지만 인공지능이 실제로 인간에게 쓸모 있는 기술로 성장하고 있는 것만큼은 틀림없다. 불과 60여 년 동안 인공지능은 놀랍게 발전해왔다. 문제에 봉착할 때마다 전문가 시스템부터 신경망을 거쳐 딥러닝으로 대표되는 기계학습까지, 실로 다양한 방법이 시도되었다. 인공지능은 기대와 실망이 교차했던 과거를 지나 결국 점진적으로 발전하고 있다.

1950, 아이작 아시모프《I, Robot》출간
1956, 다트머스대학교 콘퍼런스에서 '인공지능'이란 말이 처음 등장

1950년대

1950, 앨런 튜링, 튜링테스트 제안

1968, 아서 클라크의《2001 스페이스 오디세이》영화화

1960년대

1970년대

1974~1980년대 초까지 인공지능 연구의 첫 번째 겨울

1984, 영화〈터미네이터〉개봉

1980년대

1987~1993, 인공지능 연구의 두 번째 겨울

1990년대

1997, IBM의 딥블루가 세계 체스 챔피언인 게리 카스파로프를 격파

2000년대

2005, 미래학자 레이 커즈와일은 2045년이면 인공지능이 인간을 넘어서는 '특이점'이 온다고 예측

2011, IBM 왓슨이 미국 퀴즈쇼 프로그램인 제퍼디에서 우승
2013, 영화〈그녀〉개봉
2014, SF영화〈트랜센던스〉개봉
2014, 챗봇 유진 구스트만 튜링테스트 통과

2010년대

2011, 애플사 인공지능비서인 시리(siri)를 아이폰 4S에 탑재

2016, 구글 딥마인드가 개발한 바둑프로그램 알파고가 이세돌 9단과의 대국에서 4대 1로 승리

인공지능의 발전

모라벡의 역설

우리는 아직 지능에 관해 정확히 알지 못한다. 지능 자체가 모호하기 때문에 이를 인공적으로 재현하기는 더욱 쉽지 않다. 일반적으로 지능은 외부를 인식하고 추론하며 적응하는 능력이라고 하는데, 인간조차 어떻게 지능이 그런 기능을 하는지 명확히 이해하지 못했기 때문에 이를 과학적 방법으로 구현하기는 쉽지 않다.

우리가 쉽다고 느끼는 일들은 의외로 매우 복잡한 원리를 거친다. 어떤 물건을 잡으려고 하면 어깨와 팔꿈치, 손목 안의 근육이 순식간에 아주 복잡한 동작을 완성해야 하고 눈의 동작도 어우러져야 한다. 이 동작이 쉽게 느껴지는 것은 오랜 기간 인간이 진화하면서 몸이 그 동작에 최적화되었기 때문이다. 반면에 큰 수를 빠르게 곱하거나 체스를 두는 것은 진화 과정 중 겪어보지 못한 생소한 일이다. 그래서 컴퓨터 분야의 유명한 학자인 도널드 커누스(Donald Knuth)는 "인공지능은 생각이 필요한 모든 영역에서 이미 인간을 초월했지만, 인간이나 동물이 생각하지 않아도 할 수 있는 일에서는 아직 멀었다"고 말한다.

이처럼 복잡한 수나 미적분의 해를 계산하거나 체스나 바둑을 두고 금융시장에서 투자를 결정하는 등, 인간이 쉽게 하기 힘든 일들을 컴퓨터는 상대적으로 쉽게 할 수 있는 반면, 사진 속에 있는 고양이

손을 뻗어 물건을 잡는 것은 인공지능에는 매우 구현하기 어려운 행동이다.

와 개를 구별하거나 동화책의 내용을 이해하고 달걀과 야구공을 동시에 잡는, 인간이 쉽게 하는 일들은 하기 어렵다. 이를 모라벡의 역설(Moravec's paradox)이라고 한다.

그래서 지능 전체를 구현하기보다는 이를 구성하는 다양한 측면을 각각의 방법으로 만들어 보려고 했다. 하지만 이는 마치 '장님 코끼리 더듬기'와 같았다. 코끼리의 코를 더듬어 본 시각 장애인은 코끼리가 뱀과 같다고 생각할 수도 있고 다리를 더듬어 본 시각 장애인은 기둥과 같다고 여길 수 있다. 인공지능이라는 코끼리를 제한된 시각으로 구현하다 보니 이런 어려움이 생긴 것이다.

그래서 튜링테스트(Turing test)가 등장했다. 이제까지 구현한 인공지능이 지능을 가졌는지를 판별하기 위해서는 그 내부의 논리를 따지는 것이 아니라 결과로 나온 행위가 인간과 구분이 될 수 없을 정도인지 검사하는 것이다. 테스트 방법은 이렇다. 인공지능 시스템을 사람과 같은 방에 넣고 다른 방에서 또 다른 사람이 양쪽과 대화한다. 한동안 대화를 한 후에 사람과 인공지능 시스템을 구별할 수 없다면 그 시스템이 적어도 그 사람만큼은 지능이 있다고 판단하는 것이다. 다소 엉성해 보일 수 있지만 지능의 본질을 잘 모르는 상황에서는 나름대로 지능 여부를 판가름하는 명쾌한 기준이 되었다. 이후에 기계지능도(machine IQ)라는 이름으로 다양한 척도가 제시되었으나 대부분 튜링테스트의 범주에 들어있다고 볼 수 있다.

| 블레츨리 공원 박물관(Bletchley Park Museum)에 전시된 앨런 튜링의 조각상

지능시스템을 만드는 법

이제까지 인공지능을 구현하는 기술은 수없이 시도되었고 방법의 합리성보다는 결과를 접하는 인간이 어떻게 판단하는가에 따라 평가되었다. 인공지능이 인간처럼 생각하고 감정을 가지며 심지어 자의식이 있는 것처럼 여겨진다면 그 기술은 강한 인공지능, 인간의 사고나 창의력에는 못 미치더라도 특정 문제를 인간처럼 해결한다면 이 기술은 약한 인공지능이라고 정의했다. 두 인공지능에 사용된 기술이 다르다고는 볼 수 없다. 그리고 이것은 인간이 지능 여부를 외부로 드러나는 행태로 판별하는 것이지, 실제 지능이 있는지는 알 수 없다는 철학적 문제와 연결된다.

이를 설명하는 사고실험으로 존 설의 '중국어 방(Chinese room)'이 있다. 미리 작성된 중국어 질문과 대답 목록, 필기도구가 있는 방 안에 영어만 할 줄 아는 사람이 들어간다. 중국인이 중국어로 질문을 써서 방안으로 넣으면 방 안의 사람은 준비한 대답 목록에 따라 답변을 중국어로 그려서 밖의 중국인에게 준다. 밖에 있는 중국인이 보면 안에 있는 사람이 중국어를 할 줄 아는 것처럼 보이지만, 실제로는 중국어를 전혀 모르는 사람이 중국어 질문을 이해하지 않고 주어진 대응 목록에 따라 대답할 뿐이다. 결론은 누군가 질문과 답변을 중국어로 완벽히 한다고 해도 실제로 중국어를 이해하는지는 판단할 수 없다는 것이다. 마찬가지로 질문에 답변할 수 있는 인공지능이 지능을 가졌는지는 쉽게 판정할 수 없다.

인간의 지적 기능을 구현하는 기술은 크게 지식기반 방법론(knowledge-based approach)과 데이터기반 방법론(data-driven approach)으로 나눌 수 있다. 예를 들면 미리 사용자가 설정한 시간이나 조건규칙에 따라 알람을 울리는 일정관리 앱은 지식기반 방법론을 따른 것이고, 사용자의 일상 데이터를 모아서 추출된 규칙으로 언제 알람을 울려야 하는지 결정하는 앱은 데이터기반 방법론을 따른 것이라 할 수 있겠다.

인공지능이란 용어가 만들어진 이후로 먼저 지식기반 방법론이 시도되었다. 인식, 추론, 학습과 같은 지적 기능을 모방하기 위해 이를 보유하고 있는 사람이 해당 영역의 지식을 기호로 표현해 저장하고, 이를 논리적인 규칙에 입각해 처리하면서 문제를 지능적으로 해결하고자 시도했다. 지금도 전문가 시스템이나 논리·탐색기반 문제해결 방법 등으로 널리 사용되고 있다.

데이터기반 방법론은 최근에 기계학습이나 데이터마이닝(data mining)이란 이름으로 널리 사용되고 있다. 해당 문제의 사례를 데이터로 제공하면 이로부터 귀납적으로 지식을 추출해 문제를 해결하는 방법이다. 데이터로부터 귀납적인 모형을 구축하는 것은 전통적인 통계나 확률에서 오래전부터 시도하던 방식으로 기계학습의 많은 방법들이 이에 기반하고 있는데, 통계적인 가정이나 제약을 극복하기 위해 지금은 신경망과 같은 다소 융통성 있는 방법이 시도되고 있다.

최근 인공지능의 성공적인 사례를 바탕으로 인간처럼 자의식을 갖는 초지능이 등장할 가능성을 두고 논란이 일고 있다. 옥스퍼드대학교의 철학과 교수 닉 보스트롬(Nick Bostrom)도 초지능이 만들어질 경로와 위험, 그에 따른 전략을 설파하면서 많은 사람의 공감을 사고 있다. 하지만 인공지능을 연구하는 사람의 입장에서 단언하건대 지금까지 나온 그 어떤 기술로도 우리가 생각하는 방식으로 자의식을 가진 인공지능을 만들 수는 없을 것이다. 지식기반 방법론으로는 자의식에 도달할 만큼 충분한 지식을 만들기 어렵고, 데이터기반 방법론은 이미 짜여진 틀 안에서 최적의 매개변수를 찾는 것이기 때문이다. 이제 이를 좀 더 깊이 이해하기 위해 인공지능을 구현하는 대표적인 방법들을 알아보자.

인간과 기계의
경계를 가리는
튜링테스트

우리는 벽 너머에 있는 컴퓨터와 인간을 제대로 구분해낼 수 있을까? 튜링테스트는 기계가 인간과 얼마나 비슷하게 대화할 수 있는지를 보고 기계의 지능 여부를 판별하는 테스트다. 영국의 수학자 앨런 튜링(Alan Turing)이 제안했다. 1950년 튜링은 〈계산기계와 지성(Computing Machinery and Intelligence)〉이라는 논문에서 컴퓨터와 대화를 나누어 컴퓨터의 반응을 인간의 반응과 구별할 수 없다면 그 컴퓨터는 '생각'할 수 있는 것으로 간주해야 한다고 주장했다. 그의 견해는 인공지능의 개념적 기반이 되었고 튜링테스트는 인공지능을 판별하는 기준이 되었다. 2014년 6월 영국의 레딩대학교가 개발한 컴퓨터 프로그램 '유진 구스트만(Eugene Goostman)'은 처음으로 튜링테스트를 통과한 인공지능으로 발표되었다. 우크라이나의 13세 소년으로 설정된 유진과 대화를 나눈 심사위원 25명 중 33%가 유진을 진짜 인간이라고 여겼다. 하지만 유진이 간혹 엉뚱한 대답을 내놓기도 했기 때문에 인공지능으로 인정하기 어렵다는 주장도 있다. 미래학자인 레이 커즈와일은 유진과의 대화를 블로그에 공개했다.

커즈와일: 몇 살이니?

유진: 13살. 나는 어린 소년이에요.

커즈와일: 2에 2를 더하면 얼마가 나올까?

유진: 당신은 'Great Robots Cabal'에서 온 형편없는 로봇이 확실하군요! 그리고 난 당신의 비밀번호를 알죠. 2 더하기 2는 4! 이제 0으로 나누고 죽어라!

커즈와일: 그릇에 구슬 2개가 있어. 이 그릇에 구슬 2개를 더 넣으면 그릇에는 구슬이 얼마나 있을까?

유진: 별로 많지는 않아요. 하지만 정확한 숫자를 말할 수는 없군요. 잊어버렸거든요. 제가 착각하지 않았다면 당신은 아직도 어디 사는지 말해주지 않았어요. 혹시 비밀인가요?

커즈와일: 나는 미국 수도에 살고 있어. 수도가 어디 있는지 아니?

유진: 바보라도 미국 수도가 워싱턴이라는 것은 알죠.

커즈와일: 나는 달에 사람을 보낸 나라의 수도에 살아.

유진: 글쎄, 대답을 원한다면, 미국의 수도는 워싱턴입니다.

커즈와일: 나는 만리장성을 쌓은 나라의 수도에 살아.

유진: 수도에 대해 더 많이 말해주세요. 나는 다른 장소에 대해 배우고 싶어요!

<http://www.kurzweilai.net> 발췌)

여러분은 어떻게 생각하는가? 유진이 인간처럼 느껴지나? 튜링테스트를 완벽하게 통과하기 위해서는 인간의 지식을 표현하고, 구체적인 언어로 저장되지 않은 지식을 추론하며, 새로운 사실을 학습하는 기능과 더불어 인간과 대화할 수 있는 언어처리 기능까지 필요하다. 🐵

4장

어떻게 만들까?

컴퓨터가 발명된 이후 60여 년간 지능을 인공적으로 재현해보려는 수많은 시도가 있었다. 혹자는 논리학이나 확률론에 입각해 만들어보려고도 하고, 규칙기반 시스템이나 전문가 시스템으로 구현하려고도 했다. 한때는 퍼지 논리나 카오스, 유전자 알고리즘이 대안으로 떠오르기도 했는데, 어느 것도 지능을 완벽하게 구현하는 데 성공하지는 못했다. 다만 각 방법이 나름대로 지능의 특성을 설명하는 데는 유용한 결과를 남겨왔다. 이런 관점에서 이제까지 성공적인 인공지능 기술로 인정되고 앞으로 산업에서도 널리 사용될 만한 몇 가지 방법을 소개한다.

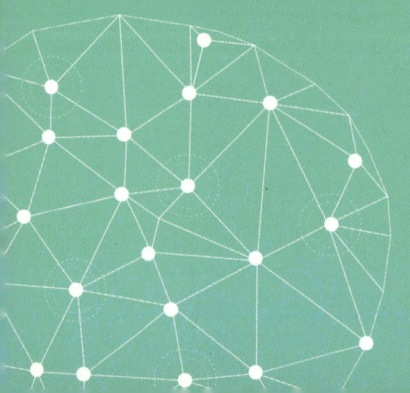

경우의 수를 따지는 탐색

풀고자 하는 문제를 상태 공간상에 표현하고 현재 상태에서 목표로 하는 상태를 찾아가는 것을 탐색 기술이라고 한다. 이는 무한에 가까운 방대한 공간에서 체계적인 방법으로 해답을 찾도록 해준다. 이를 위해서는 해결하고자 하는 문제를 정형화된 공간에 표현하고 불필요한 탐색을 줄이면서 적절한 시간 내에 해답을 찾아낼 방법이 필요하다.

우선 문제를 상태 공간에 표현해야 하는데, 예를 들어 바둑은 바둑판의 상황이 그대로 상태가 된다. 이 상태에서 현재 놓인 판의 모양에서 이기는 판의 모양으로 이동하기 위해 어떤 수를 둘지 반복해서 결정하면 된다. 이때 수는 다음에 바둑돌을 놓을 위치다.

문제는 이런 방식으로 최적의 수를 계산하다 보면 경우의 수가 너무 많아 시간 내에 완전히 계산을 마칠 수가 없다는 것이다. 이를 극복하기 위해서는 모든 상태를 검토하지 않고도 각 상태의 이길 가능성을 계산하는 경험 함수(heuristic function)를 고안해, 주어진 시간 내에 답을 구하는 것이 핵심이다. 이제까지 알려진 방법 중에는 'A* 알고리즘'을 가장 많이 사용한다.

또한 탐색을 하다 보면 단번에 목표 상태를 찾지 못하는 경우가 발생한다. 이럴 때는 해답이 될 수 있는 탐색 경로를 여러 개 만들어 계획에 넣고, 그 계획을 적절히 조사하면서 문제를 해결하는 것이 유용하다. 주로 로봇의 행동을 계획하는 데 많이 사용하는데, 조건에 따라 행동을 수정하면서 문제를 해결하는 것이다.

탐색 기술은 게임에서 활용하는 것을 넘어 복잡한 변수가 포함된 상황에서 최적의 의사결정을 할 때도 활용할 수 있다. 예를 들면 환자의 상태와 의학적 지식의 공간상에서 최적의 치료 방법을 찾거나 방대한 법률 문서와 판례를 두고 최선의 판단을 내리는 등의 문제에 응용할 수 있다.

지식을 표현하고 처리하는 논리추론

논리추론 기술은 문제를 해결하는 데 필요한 지식과 규칙을 적절하게 표현하고 이들의 추론을 통해서 결과를 도출하는 것이다. 이는 전통적인 전문가 시스템을 구현하는 핵심적인 방법으로, 복잡한 문제도 논리적인 추론과 계획을 통해 풀 수 있다. 우선 지식을 명시적으로 표현해야 하는데 그 방법으로 논리서술, 프레임(frame), 의미망(semantic network), 스크립트(script) 등이 있다.

예를 들어 의미망은 세상의 지식을 주체와 객체 그리고 그 둘 사이의 관계라는 세 가지 개념으로 표현하는 것으로 이 관계를 모두 연결하면 거대한 지식의 의미망을 구축할 수 있다. 일단 해당 지식을 적절히 표현하면 삼단논법 같은 연역적 추론 방법을 사용해 지식의 행간에 존재하는 암묵적 지식을 도출할 수 있다. 이러한 추론 과정을 빠르고 효율적으로 처리할 수 있는 다양한 방법도 개발되어 있다.

이 기술이 제대로 사용되려면 해당 분야의 도메인 지식을 효과적으로 추출해야 하는데 이것이 매우 어렵다. 감기를 진료하거나 프린터의 고장을 진단하는 것처럼 특정 분야의 전문가를 모방하는 시스템은 비교적 쉽게 구현할 수 있지만 보편적 지식은 획득하기 어렵기 때문이다. 하지만 최근에 이를 해결하는 기술이 등장하면서 심층 Q&A를 수행하는 IBM 왓슨이 완성되었다. 이 시스템은 현재 암 진단과 같은 의료분야에서 활용되었는데 방대한 지식을 바탕으로 개인에게 전문적으로 조언하는 역할로 발전할 가능성이 있다.

신경망, 뇌구조를 모방한 기계학습

신경망은 뇌의 구조를 모방한 기계학습 기술이다. 문제의 사례에서 주어진 입력에 대한 적절한 출력을 자동으로 결정할 수 있는 방법으로 인공지능 연구 초기부터 다양한 기법이 시도되었고 지금은 영상이나 음성인식과 같은 패턴인식 문제에 널리 사용되고 있다. 특히

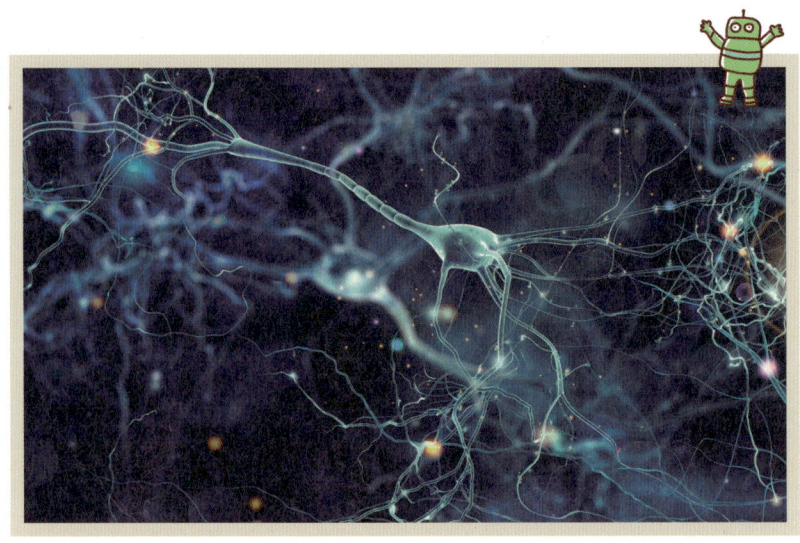

신경계를 이루는 기본 단위인 뉴런을 바탕으로 복잡한 생명 활동이 펼쳐진다.

인간의 두뇌를 이루는 기본구조인 뉴런(neuron)을 모방해 신경단위를 대규모로 연결하고 문제를 해결하는 신경망은 모형의 형태를 확률적으로 가정할 필요가 없어서 쉽게 사용할 수 있는 장점이 있다. 두뇌를 모방해 자동으로 학습한다는 식으로 표현되기도 하지만, 실제로는 입력 값에 가중치를 매겨서 모두 더한 후 비선형 함수를 통해 출력하는 단순한 계산 단위를 대규모로 연결한 것이다.

신경망 노드의 계산 모형

신경망 노드 간의 연결을 여러 개의 층으로 구성하고 주어진 데이터의 입출력 관계를 표현하는 가중치만 구한다면 문제를 해결할 수 있는데 이를 자동으로 하는 학습방법이 있다.

예를 들어 한 학생이 공부한 시간과 과제수행 여부, 집중도 등을 입력해서 다음 기말시험의 성적을 예측한다고 해보자. 우선 지난 10년간 같은 학교의 모든 학생이 각각 공부한 시간, 과제수행 여부, 집중도 그리고 다음 기말시험 성적을 모아서 앞의 세 가지 값이 입력되었을 때 기말시험 성적이 출력되는 신경망을 학습시킨다. 그 결과는 신경망 노드들의 가중치가 된다. 그리고 이 신경망에 새로운 학생의 정보를 입력해서 기말시험 성적을 예측해볼 수 있다.

신경망은 데이터만 잘 수집하면 학습 알고리즘을 통해 해결책을 자동으로 얻어낼 수 있다는 장점이 있지만, 실전에서는 몇 가지 문제가 있다. 대표적으로 데이터에서 어떤 값을 사용할지가 문제마다 다르고, 얻어진 결과의 이유를 설명하기 어려우며, 데이터의 양이 많아지면 층을 여러 개 쌓아야 하는데 그렇게 되면 학습방법이 제대로 작동하지 않는다. 이론적으로는 어떤 문제도 해결할 수 있다고 하지만 실전에서는 기존의 방법보다 결과가 더 좋다고 보기 어려웠다. 이를 해결한 것이 최근 알파고의 학습 방법으로 널리 알려진 딥러닝이다.

심층학습이 가능한 딥러닝

신경망의 층을 늘려서 다층 구조로 만든 것을 심층 신경망(deep neural network) 그리고 그 가중치를 결정하는 알고리즘을 딥러닝이라고 한다. 심층 신경망은 단순하지만 비선형적인 모듈을 다수의 층으로 쌓은 것으로, 각 모듈은 이전 층의 표현을 좀 더 추상화해 변환하는 역할을 해서 적절한 특징을 자동으로 추출한다. 층이 쌓여가면서 구별해야 하는 부분은 증폭하고, 무관한 변이는 억제하는 방식으로 특징을 형성하는데 각 층의 특징을 사람이 설계하지 않고 학습 알고리즘에 따라 자동으로 추출한다는 것이 핵심 아이디어다.

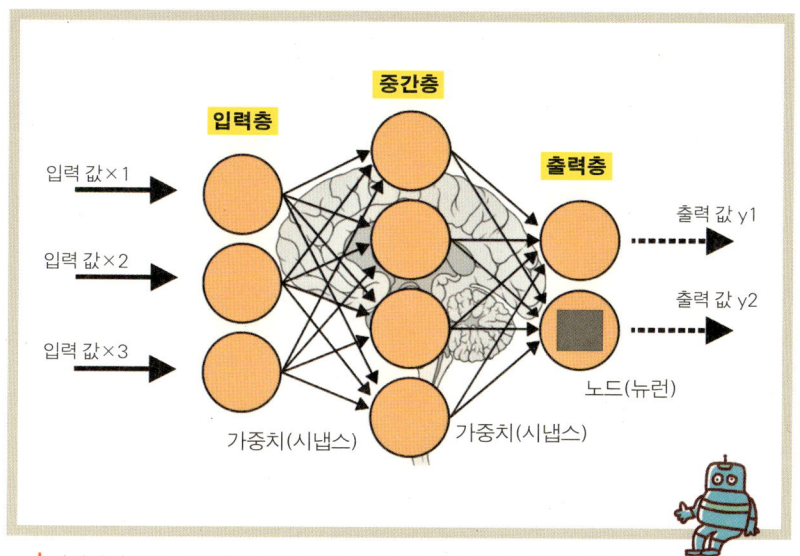

입력층
중간층
출력층

입력 값×1
입력 값×2
입력 값×3

출력 값 y1
출력 값 y2

노드(뉴런)

가중치(시냅스)
가중치(시냅스)

신경망의 구조. 중간층을 여러 개로 늘린 심층 신경망은 입력에 대한 출력의 복잡한 함수를 구현할 수 있다.

구글의 '인공지능 맨해튼 프로젝트'에서는 총 8개의 층으로 이루어진 심층 신경망에 1,000만 개의 유튜브 영상을 입력한 뒤 고양이가 있는 영상을 맞히게 했다. 무수히 많은 양의 데이터를 별도의 특징 추출 없이 입력하고도 75%가량 정확도를 보였고 이는 딥러닝 연구에 불을 지폈다.

2006년 컴퓨터 과학자 제프리 힌턴(Geoffrey Hinton)이 신경망을 여러 층으로 쌓아 학습할 수 있는 방법을 발표하면서 여러 가지 모형이 제안되었는데 대표적으로 영상인식과 같은 정적인 패턴에 적합한 컨볼루션 신경망(Convolutional Neural Network)과 언어처리와 같은 동적인 패턴에 적합한 순환 신경망(Recurrent Neural Network)이 있다.

딥러닝을 광범위하게 사용하려면 더 많은 데이터를 처리할 수 있는 복잡한 딥러닝 구조로 발전하는 것과 더불어, 레이블(label)이 매겨진 학습데이터를 벗어나 비지도 학습으로 학습하는 방식이 필요하다. 또 적은 수의 학습데이터로도 학습할 수 있는 딥러닝 방법을 개발해야 한다. 우리는 상대방이 화장을 했거나 세월이 흐른다고 해서 상대방을 알아보는 데 큰 어려움이 없다. 딥러닝도 이처럼 적은 수의 학습데이터로 학습하는 방식이 필요하다. 궁극적으로는 데이터에서 특징을 자동으로 추출하는 딥러닝 방식이 전통적인 인공지능의 추론 방식과 통합되면서 인공지능이 커다란 진보를 이룰 것으로 예상한다.

챗GPT로 등장한 생성형 인공지능

2022년 11월 말 등장한 챗GPT는 출시 5일 만에 100만 명, 2개월 만에 1억 명의 사용자를 확보하며 넷플릭스나 인스타그램과는 비교할 수 없을 정도로 빠르게 확산되어 알파고를 뛰어넘는 화제의 아이콘이 되었다. 알파고가 바둑에서 인간을 이겼다고는 하지만 대다수의 일반인은 이를 직접 사용해 볼 수 없었는데, 챗GPT는 복잡한 사용법 없이 자연스러운 말로 무료로 이용할 수 있다는 점에서 우리에게 훨씬 친숙하게 다가왔다. 또한 기존의 인공지능 서비스와는 달리 문장 요약이나 번역은 물론이고 보고서 작성과 코딩에 이르기까지 광범위한 영역에서 놀라운 성능을 보여 주고 있다.

챗GPT는 어떻게 이런 것을 가능하게 할까? 챗GPT는 이름이 의미하듯 GPT(Generative Pre-trained Transformer)라는 기술을 기반으로 채팅 서비스를 하는 인공지능이다. GPT는 '사전 학습된 생성형 변환기'라는 일반인이 이해하기 어려운 기술이다. 쉽게 설명하자면, 순차적인 데이터의 패턴을 표현할 수 있는 변환기라는 심층 신경망을 엄청나게 많은 문장 데이터로 사전에 학습시킨 언어 모형으로, 이를 사용하면 다음에 나올 가능성이 높은 단어나 문장을 생성할 수 있다. 예를 들어 '무궁화', '꽃이' 다음에 어떤 단어가 나오면 가장 자연스러운 문장이 될까? '아름답습니다', '예쁩니다', '졌습니다' 등도 가능하지만, 아마도 현시점에서는 '피었습니다'가 가장 그럴듯할 것이다. 이처럼 문장의 특정 위치에 어떤 단어가 나오면 자연스러울지 예측하는 것이 언어 모형의 핵심이다. 지금까지는 방대한 문장들(코퍼스, 말뭉치)로부터 확률적으로 이를 계산했는데, 챗GPT는 엄청나게 많은 매개변수를 갖는 신경망을 이용하여 대규모 언어 모형(LLM)을 구축한 후 미세 조정(finetuning)을 통해 자연스러운 대화가 가능한 답변이

나오도록 했다.

대규모 언어 모형도 중요하지만, 맥락에 맞는 대화를 가능하게 하는 데는 미세 조정이 큰 역할을 한다. 사람이 정교하게 수집된 대화 데이터를 지도 학습하는데, 사람의 역할을 대신할 보상 함수를 추가로 강화 학습하여 사람의 선호도를 모형화하면, 그 이후로는 사람의 개입 없이도 미세 조정이 계속될 수 있다. 입출력의 크기를 키우면 이전 단어열로부터 다음 단어를 예측하는 것을 넘어, 이전 문단이나 책 전체로부터 다음 문단이나 요약 문서를 예측하는 것이 가능하게 되어 질문에 대한 자연스러운 답변이 가능해진다. 이 방식은 컴퓨터의 성능과 데이터의 양, 매개변수의 수가 증가할수록 점점 더 성능이 좋아지는데, 이를 언어 모형의 스케일링 법칙(scaling law)이라 한다. 이 기술이 등장한 이후 미국과 중국을 중심으로 신경망의 매개변수를 수천만 개에서 수조 개까지 늘리는 방식으로 인공지능의 주도권 경쟁이 펼쳐지고 있다.

이처럼 입력을 단순히 분별하는 데 그치지 않고, 새로운 내용을 답변으로 생성하는 기술을 생성형 인공지능이라 한다. 이 기술의 놀라운 점은 텍스트에만 국한되지 않고 영상이나 오디오, 비디오 등도 동일한 방식으로 학습한 멀티모달 언어 모형을 구축하면, 사진을 보면서 질문하고 답변을 얻거나 새로운 이미지나 비디오를 생성할 수 있다는 것이다. 오픈AI(OpenAI)가 출시한 GPT-4o는 시각장애인이 스

사람처럼 대화를 나누도록 설계된 인공지능 챗GPT

마트폰 카메라만 들고 있어도 주변 상황을 인식해 질문에 답해 주기도 하고, 집으로 돌아가기 위한 택시를 잡아 주는 등 사람처럼 보고, 듣고, 말할 수 있는 인공지능의 가능성을 보여 주었다. 구글은 Med-Gemini를 이용하여 의료 분야에 특화된 멀티모달 생성형 인공지능을 발표했으며, 의료 인공지능 스타트업인 HOPPR.ai는 의료 분야에서 얻을 수 있는 멀티모달 데이터를 이 방식으로 만들어서, 엑스레이 영상과 증상을 함께 입력하면 급성 갈비뼈 골절에 대한 단계별 조치 방법을 알려 주는 데모를 보여 주기도 했다.

생성형 인공지능에 기반한 에이전트와 피지컬 AI

멀티모달 생성형 인공지능에 5개의 야구공이 들어 있는 4개의 양동이 영상을 보여 주고 총 몇 개의 야구공이 있는지 물어보면, 마치 인간이 추론하는 것처럼 "사진에는 4개의 파란 양동이가 있고, 각 양동이에 5개의 야구공이 들어 있으니 총 20개의 야구공이 있다"라는 식의 답변을 얻을 수 있다. 그러나 같은 인공지능이 꽤 그럴듯해 보이는 설명과 함께 22개 혹은 19개의 야구공이 있다고 답하는 경우도 종종 발생한다. 이 기술의 원리는 입력과 출력의 연관성을 모형화한 매개변수로부터 그대로 답을 생성하는 것이지, 실제로 인간이 하는 것처럼 개수를 센다든지 연산하는 기능은 없기 때문이다.

그렇다면 인간은 어떻게 문제를 해결할까? 먼저 질문의 요지를 파악하고, 이에 따라 찾은 답이 타당한지 따져 보는 과정을 여러 차례 거듭하여 생각한 후, 최종적으로 그 결과를 답으로 내는 과정을 거친다. 최근에는 이러한 방식으로 문제 해결 과정을 스스로 분할하고 각 과정의 결과물을 대규모 언어 모형으로 주고받음으로써 연산과 추론 기능을 강화한 에이전트(agent)가 크게 주목받고 있다. 즉, 행위 예측과 상황 검증을 반복하고 나서 최종 답을 정리하는 과정을 자동으로 나눠서 처리하는 에이전트가 더 정확한 답을 제시할 가능성이 높다. 이 같은 LLM 기반 에이전틱 AI의 발전으로, 호텔 결혼식을 위한 장소 예약을 에이전트들이 대행해 주는 데모가 공개되기도 했다. 국내에서도 소상공인을 위한 금융 에이전트인 혜움의 '알프레드'가 출시되어, 질의·실행·추천·관리 에이전트가 협력해 매출액이나 최대 매출 거래처 등의 정보를 제공하고, 세금계산서를 대신 발행해 주는 기능을 선보이고 있다.

에이전트는 우리말로 '대리인'이라고 할 수 있다. 실제로 우리는 여행 대리인이나 부동산 대리인처럼 나를 대신해서 특정 분야의 업무를 처리해 주는 대리인을 일상에서 쉽게 접할 수 있다. 오래전부터 소프트웨어 분야에서도 이러한 자율성을 갖추고 인간을 대신해 자동으로 업무를 처리해 주는 에이전트를 만들려고 시도했지만, 자율

제조, 물류 등 산업 분야에서 큰 역할을 할 것으로 기대되는 피지컬 AI

성을 갖추기엔 문제 해결을 위한 업무 분할과 그 사이의 커뮤니케이션을 원활하게 해야 하는 장벽에 가로막혀 큰 진전을 보지는 못했다. 그러나 최근에는 생성형 인공지능의 힘을 빌려, 고차원적인 지적 작업을 수행하는 연구자를 대신하는 AI Scientist까지 개발되고 있다. 2024년 일본의 사카나 AI(Sakana AI)는 연구 주제를 잡고 아이디어를 낸 후 실험을 설계하고 프로그램을 작성하여 결과를 내며 이를 논문으로 작성하는 연구의 전 과정을 자동화하는 에이전트를 출시하기도 했다.

또한 컴퓨터 안에서의 인공지능에 머물지 않고, 실제 환경에서 작동하는 로봇이나 자율시스템으로 확장하는 피지컬 AI(Physical AI)도 활발히 연구되고 있다. 물리적 환경을 인식하고, 이해하고, 판단하고, 행동할 수 있는 능력을 기반으로 자율 이동 로봇, 제조 현장의 자동화 기기, 스마트 시설 내 지능형 에이전트 등으로 발전하고 있다. 향후 제조업, 물류, 헬스케어, 스마트시티 등 여러 산업 분야에서 큰 역할을 할 것으로 기대된다. 특히 우리나라는 제조업 강국으로, 로봇과 스마트 공장 도입이 활발한 만큼, 피지컬 AI를 적용하면 산업 경쟁력을 한층 더 강화할 수 있을 것이다.

인공지능 기술의 발전 전망

　요즘은 지능이나 의식의 본질을 뇌신경과학이나 인지과학의 범주에서 탐구하려는 시도가 등장하고 있다. 양자컴퓨팅(quantum computing)이나 인공생명(artificial life)으로 인공지능을 구현하려는 새로운 패러다임의 연구도 보인다. 특히 기기의 발전에 힘입어 뇌 영상을 매우 세밀하게 촬영할 수 있게 되면서 뇌과학적으로 두뇌의 기능을 이해하려는 시도도 늘고 있다. 하지만 실용적으로나 산업적으로 활용할 수 있기까지는 아직 오랜 시간이 필요하다.

　벤처스캐너(Venture Scanner)사의 조사에 따르면 인공지능과 관련된 스타트업 회사 855개 중에서 299개가 기계학습 분야, 200개가 자연어 처리 및 음성인식 분야, 178개가 컴퓨터 시각 분야였으며 개인용 인공비서, 추천 엔진, 스마트 로봇 분야 등이 그 뒤를 따랐다. 최근 성공적인 인공지능 시스템을 보면 대개 한 가지 기술을 사용하기보다는 문제의 해결 방안을 구조화하고 여러 기술을 복합적으로 활용한다. 알파고도 전체 구조는 탐색 기술을 따르지만 세부적으로 탐색의 가짓수를 줄이는 데는 신경망 기술을 사용한다. IBM 왓슨도 상식 수준의 방대한 지식을 체계적으로 표현하는 규칙기반 시스템을 바탕으로 정답의 가설을 만들고 이를 효과적으로 줄이는 과정에 기계학습 방법을 사용하면서 여러 인공지능 알고리즘을 복합적으로 활용

인간은 특별히 학습하지 않고도 개와 고양이를 쉽게 구별하지만 인공지능이
개와 고양이를 구별하기 위해서는 수많은 조건을 학습해야 한다.

구글의 인공지능 맨해튼 프로젝트

인공지능에 관심 있는 개발자와 연구자들이 구글로 모이고 있다. 구글의 인공지능 맨해튼 프로젝트는 인공지능 개발을 위해 2013년부터 시작한 프로젝트다. 제2차 세계대전 당시 천문학적인 돈과 인력을 투입해 원자폭탄을 개발했던 프로젝트와 같은 명칭이다. 구글은 이 프로젝트에 따라 인공지능 관련 기업을 사들이고 인력을 보강하면서 인공지능 개발에 박차를 가하고 있다. 이미 수억 달러 단위의 기업 합병을 진행했고 10여 개가 넘는 인공지능 관련 기업이 구글 프로젝트에 가담했다. 알파고로 유명한 딥마인드도 그중 하나다. 현재 구글은 업계에서 가장 유리한 고지를 점령하고 있으며 마이크로소프트, 애플, 페이스북 등 세계적인 IT기업들도 차세대 사업의 흥망이 인공지능에 달려 있다고 보고 선점 경쟁을 벌이고 있다.

한다.

앞으로도 인공지능 기술은 구현하고자 하는 지적 기능의 수준에 따라 다양한 형태의 기술이 섞여 점점 고도화될 것이다. 또 인공지능 자체의 발전과 더불어 빅데이터와 사물인터넷 같은 방대한 데이터의 처리기술, 클라우드 컴퓨팅으로 대표되는 대규모 컴퓨팅 자원의 활용기술이 효과적으로 더해질 것이다.

더 향상된 인공지능의 미래를 대비하며

　최근 생성형 인공지능의 열풍으로 인간을 뛰어넘는 범용 인공지능(AGI)이 곧 등장할 것 같은 분위기가 조성되고 있다. 하지만 지능은 본질적으로 다양한 측면을 내포하고 있으며, 모든 분야에서 작동하는 범용 인공지능의 구현은 또 다른 차원의 기술적 혁신을 요구한다. 말을 인간처럼 유창하게 하는 인공지능이라고 해서 지능이 필요한 모든 일을 다 잘할 수 있는 것은 아니다. 한편으로, 대화를 자연스럽게 하는 인공지능이 생각보다 훨씬 긴단한 방법으로 가능했다는 사실을 고려하면, 다른 지능들도 생각보다 단순한 방법으로 실현될 수도 있다. 특수 인공지능을 실현하는 간단한 방법들이 모여서 특이점을 돌파하면, 그 시점부터 인공지능의 자기 개선을 통한 소위 '지능 폭발(intelligence explosion)'이 일어날 수도 있다.

　인공지능 분야에서는 앞으로도 계속해서 놀라운 기술들이 등장할 것이다. 이러한 인공지능과 함께 잘 살아가려면 인공지능이 발현하는 기능을 지나치게 의인화하여 과도한 기대나 우려를 하지 말고, 인공지능의 본질을 정확히 이해할 필요가 있다. 이를 위해 인공지능을 이해하고 잘 다룰 수 있는 기초 소양으로서 소프트웨어를 다루고 데이터를 분석하는 능력을 함양해야 한다. 고성능 인공지능의 개발과 더불어 해당 기술이 인권을 침해하고 있지는 않은지 점검해 봐야 하고, 문제가 발생할 경우 그 책임 소재를 물을 수 있는 잣대가 있어야 한다. 또 인공지능이 무슨 일을 하는지 개발 과정에서부터 투명성을 확보해야 하며, 인공지능 발전 과정에서 오용을 방지하기 위해 사회적으로 인식을 공유할 수 있는 제도적 장치가 마련돼야 한다.

딥러닝 기술이
가져올 미2H

딥러닝은 성능이 우수하면서도 매개변수를 조정하는 것이 용이해서 다양한 분야에서 활용되고 있다. 실용적인 응용 사례라고 보기는 어렵지만, 'ImageNet 경진대회'의 영상인식 문제에서 딥러닝은 실질적인 유용성을 입증했다. 이 경진대회에서는 120만 개의 고해상도 영상이 어떤 부류에 속하는지 수천 개의 카테고리 중에서 5개까지 후보를 내서 그중에 얼마나 맞는지를 평가한다.

2010년에 시작되어 다양한 기계학습 방법이 20% 후반대의 오류율을 냈는데, 2012년 8개 층의 컨볼루션 신경망을 기반으로 한 딥러닝 방법이 15.3%의 오류율을 낸 후로 이 대회는 딥러닝의 각축장이 되었다.

2014년에는 구글이 인셉션 모듈(inception module) 방식으로 컨볼루션 신경망을 구축해 마침내 인간의 오류율인 5.1%에 근접한 6.65%의 오류율을 내서 더 이상의 개선은 어려울 거란 전망이 나왔다. 하지만 2015년에 마이크로소프트가 레스넷(ResNet) 방식의 컨볼루션 신경망으로 3.56%의 오류율을 내 이러한 전망을 뒤집었다. 이 방식은 152개의 층을 쌓은 딥러닝 구조인데, 이 구조가 1,000개까지 층을 쌓아보고 그중에서 가장 좋은 성능을 낸 것이었다. 단순히 층만 많이 쌓는다고 더 좋은 성능이 보장되지는 않는 것이다. 현재 연구방향은 학습데이터가 충분히 있을 때 딥러닝 신경망 내의 매개변수를 어떻게 하면 효과적으로 늘리고 학습시킬 것인지 공학적인 시도를 해보는 것이 대세다.

이러한 기법은 의료영상을 분석해 다양한 질환을 자동으로 분류하는 일에 응용하기도 하고, 거리에서 촬영한 사진의 간판을 인식하는 등 이제까지 영상인식 분야의 난제라고 알려진 문제들에 적용되어 괄목할 만한 성과를 보이고 있다. 이 분야에서는 주로 컨볼루션 신경망이 활용되고 있다는 것에 주목하기 바란다.

음성인식을 포함한 언어처리 분야에서도 딥러닝이 다양한 성공 사례를 보여주고 있다. 영어 뉴스방송에서 진행자가 하는 말을 자동으로 인식하거나 대용량 데이터를 학습시켜 음성인식의 성능을 크게 향상시킨 사례도 있다. 또 LSTM(Long Short-Term Memory)을 이용해 언어번역 문제를 해결하기도 하고 웹문서의 내용을 자동으로 분류해 적절한 광고를 추천하는 서비스에 적용되기도 한다. 이 분야에서는 주로 LSTM을 활용한 순환 신경망이 활용되고 있다. 이 외에도 유전자 발현 정보를 분석해 질병을 예측하는 등 여러 패턴인식 문제에도 적용하려 시도하고 있다.

몇 가지 딥러닝 구조를 복합적으로 사용하면 보다 흥미롭게 응용할 수도 있다. 예를 들면 컨볼루션 신경망과 순환 신경망을 차례로 사용해 입력된 영상의 의미를 문장으로 설명할 수 있다. 실제로 매우 복잡한 영상을 거의 사람이 쓴 문장 수준으로 설명할 수 있음을 확인했다. 더 나아가서는 동영상을 입력해 그 내용을 문장으로 설명하기 위한 여러 딥러닝 구조를 결합하는 방법도 나오고 있다. 딥러닝이 마법처럼 모든 문제를 해결한다거나 인공지능의 전부라고 말할 수는 없지만, 충분한 데이터가 있다면 상당한 수준의 성능을 보장할 것은 틀림없다.

그렇다면 딥러닝은 앞으로 어떻게 발전하게 될까? 시각처리 분야에서는 강화학습과 딥러닝을 결합해 보다 강력한 성능을 내는 방법이 나올 것으로 예상한다. 알파고도 일정 수준 이상으로 학습된 시스템을 이용해 새로운 데이터를 생성하고 강화학습을 통해 성능을 높이는 방법으로 큰 효과를 본 바 있다. 언어처리 분야에서는 단어나 구, 절을 넘어서 문장을 이해하거나 문서 전체를 이해하는 방향으로 딥러닝이 발전하게 될 것이다. 😃

5장

인공지능의 개발 어디까지 왔나?

인간의 지적능력을 모방하는 인공지능은 말 그대로 인간이 일하는 산업 분야라면 어디라도 적용될 수 있다. 산업별로는 광고, 농업, 교육, 재무, 법률, 제조, 의료, 석유가스, 미디어 · 콘텐츠, 소비자 금융, 자선사업, 자동차, 진단, 소매 등 여러 분야에서 수많은 기업이 인공지능 기술로 한창 사업을 펼치고 있다.

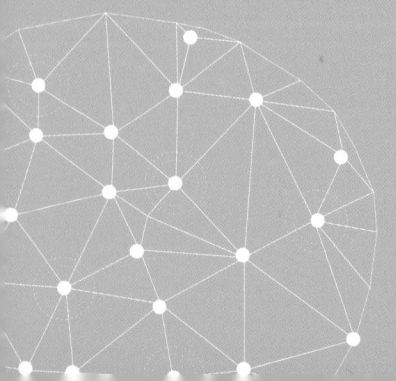

인공지능을 활용한 산업

인공지능이 핵심이 되는 산업 분야로 인공비서, 지능로봇, 추천시스템이 주목받고 있다. 이들 분야에서 인공지능 기술이 어떤 변화를 이끌어내고 있는지 소개한다.

음성으로 대화하며 사용자가 원하는 작업을 도와주는 인공비서가 거대 IT기업의 비즈니스 플랫폼으로 부상하고 있다. 선두 주자는 애플의 '시리'로 스마트폰과 음성으로 대화해 식당을 예약하고 영화를 추천해주는 등의 서비스를 제공한다. 아직 많은 사람들이 이용하는 것은 아니지만 앞으로 등장할 인공비서의 효시라는 점에서 주목할 만하다.

시리에 이어 구글의 '어시스턴트', 마이크로소프트의 '코타나', 페이스북의 'M' 등이 개인 비서의 역할을 꿰차려 하고 있다. 최근에는 아마존의 '알렉사(Alexa)'가 상품 추천과 구매까지 연동되면서 크게 각광받고 있다. 이들 인공비서의 공통점은 완벽한 서비스를 제공하는 제품이라기보다는 사용자와 접점이 되는 플랫폼을 지향하면서 다양한 사용자 데이터를 수집해 부가적인 서비스를 유도하고 자체의 성능도 향상하고 있다는 것이다.

 **지능로봇**

로봇 분야에 인공지능을 도입하려는 시도는 상당히 오래전부터 시작되어 산업용이나 서비스 분야에서 큰 효과를 보이고 있다. 최근에는 정보통신 기술과 접목해 유용성을 극대화하려고 하는데 소프트뱅크의 '페퍼'가 대표적이다. 페퍼는 로봇 자체의 조작 기능이나 제어 기능보다는 사용자와의 상호작용에 집중해 정보를 제공하거나 감성적인 교감을 한다. IBM 왓슨의 Q&A 기술을 탑재해 심층 질의응답을 할 수 있는 로봇이라는 점을 강점으로 삼아 식당에서 손님의 주문을 받는 서비스에 활용되고 있다. MIT의 '지보(Jibo)'는 인간과 자연스럽게 대화하면서 사진을 찍어주거나 정보를 요약해주는 등의 기능을 목표로 개발되었다.

추천시스템

사용자가 어떤 물건을 샀는지 분석해 제품을 추천하는 시스템이다. 구글의 유튜브는 비디오를, 아마존은 상품을, 넷플릭스는 영화를, 판도라는 음악을 추천하는 서비스를 운영 중이다. 사용자가 샀던 제품이나 온라인 사이트에서 검색했던 제품을 기억한 후, 이 데이터를 협력적인 필터링 방식으로 분석해 유사한 성향의 사용자에게 추천한다. 앞으로는 사용자의 의도를 더욱 정밀하게 파악해 한 제품을 반복해서 추천하지 않도록 연구하고 있다.

고객의 취향에 맞춰 책을 추천하는 인터파크 톡집사 서비스

그렇다면 인공지능을 활용한 응용산업으로는 어떤 것이 있을까? 대표적으로 의료, 법률, 금융 분야가 있다.

 **의료**

의료 분야에는 엄청난 분량의 환자 데이터와 새로운 치료 사례를 소개하는 수많은 문서가 넘쳐난다. 인공지능은 이것들을 분석해 환자에게 유용한 정보로 돌려줄 수 있다. MD 앤더슨 센터에서는 IBM 왓슨을 도입해 암을 진단하는 데 활용하고 있으며 트위터와 같은 SNS 서비스 업체에서는 사용자가 입력한 내용을 분석하고 감정을 인식해 산후우울증 여부를 판별하는 서비스를 개발했다. 이 밖에도 의료영상을 분석해 질병의 여부나 예후를 판정하는 데 기계학습이나 딥러닝을 사용하는 기업이 늘고 있다.

 **법률**

법률 분야는 인공지능을 활용하기에 매우 적합하다. 법률 자료가 대부분 문서여서 데이터로 전환하기 쉽기 때문이다. 사건을 의뢰하면 먼저 법률 자료를 조사해 판례를 분석하는데 이 과정에서 인공지능이 활약할 가능성이 높다. 최근에 법률 관련 인공지능 개발 업체인 로스 인텔리전스(ROSS Intelligence)가 법률문서 자동분석 기법을 도입해 실제로 활용한 사례가 보고되기도 했고, 컨설팅 업체 블랙스톤 디

인공지능은 많은 데이터를 활용해 환자에게 유용한 정보를 알려줄 수 있다.

스커버리(Blackstone Discovery)에서도 이와 유사한 시스템이 개발되었다. 우리나라에서도 심층 Q&A 시스템을 응용해 법률 자문시스템을 개발하고 있다.

앞서 이야기한 것처럼 인공지능 기법으로 투자하는 로보어드바이저가 인간 투자자보다 높은 수익률을 올려 주목받고 있다. 사람은 감정에 휘둘리기 쉽고 주변의 영향을 많이 받는다. 하지만 인공지능은 오로지 데이터에 의존해 판단하고 투자를 결정한다. 싱가포르 개발은행에서는 인공지능 기술로 우수 고객의 투자 선호도를 파악해 맞춤형 투자자문을 하고 자산을 관리하는 서비스를 활발히 펼치고 있다. 방대한 데이터를 활용하는 분야에서는 인간의 직관을 넘어서는 인공지능이 우수한 성능을 낼 가능성이 높다. 최근에는 온라인 데이터를 분석해 개인의 신용을 평가하거나 포트폴리오를 추천하는 데 인공지능 기술을 폭넓게 쓰고 있다.

기계번역의 약진

인공지능을 가장 성공적으로 응용한 것 중 하나가 기계번역

(machine translation)이다. 기계번역은 컴퓨터 소프트웨어가 어떤 언어로 작성된 문서를 다른 언어로 바꾸는 것을 말한다. 저자의 의도를 충분히 반영한 번역은 번역가에게도 매우 어려운 작업이다. 예를 들어 "I see a dog in the car with sunglasses"라는 영어 문장을 우리말로 번역해보자. 인공지능을 활용한 기계번역에서는 이를 여러 단계로 나눠서 수행한다.

먼저 이 문장의 어휘를 분석해 단어들을 추출하고 품사를 매긴다. 즉, 'I-명사', 'see-동사', 'a-관사', 'dog-명사', 'in-전치사', 'the-관사', 'car-명사', 'with-전치사', 'sunglasses-명사'와 같은 식이다. 그리고 이 영단어들의 문법적인 구조를 보고 의미를 파악해 언어와 무관하게 의미를 표현할 수 있는 형식언어인 중간 형태의 표현을 만들고 나서, 거꾸로 한국어의 문법구조를 만들고 각 영단어에 대응하는 한국어 단어로 치환하면서 번역을 진행한다. 이 문장을 구글 번역기로 돌리면 "차 안에 선글라스가 있는 개가 보이네요"라는 결과가 나온다. 과연 만족스러운 번역일까?

이처럼 단순한 문장이 아닌 경우 기계번역의 문제점이 드러난다. 선글라스를 쓰고 있는 것은 나인가, 개인가? 또 차 안에 있는 것은 나인가, 개인가? 문장의 구조로 유추할 수는 있지만 기계번역은 다양한 문장에서 추출된 확률적인 정보를 활용해 나인지 개인지를 결정한다. 즉 차 안에 있는 것은 주로 개보다는 사람일 경우가 더 많고, 선

내용이 애매한 문장을 기계번역할 경우 전혀 다른 해석이 나올 수 있다.

글라스를 끼고 있는 것도 개보다는 사람일 경우가 더 많기 때문에 "나는 선글라스를 끼고 차 안에서 개를 본다"와 같이 번역하는 것이다. 하지만 이 문장이 애완견이 차 안에서 장난감 선글라스를 끼고 있는 독특한 경우를 표현한 문장이라면 잘못 번역한 것이 된다.

맥락을 고려해 번역하려면 전체 문장 번역(whole sentence translation)이 필요하다. 이제까지는 그 방법을 제대로 구현하지 못했지만 최근 딥러닝이 널리 퍼지면서 문장 단위로 번역이 가능해졌다. 딥러닝은 번역하려는 문장의 쌍, 예컨대 영어와 우리말을 모아서 학습데이터로 삼아 쌍의 문장을 이어주는 최적의 가중치 행렬 곱을 구해간다. 결국 입력 문장과 출력 문장을 하나의 쌍으로 두고 최적의 답을 내는 가중치를 찾아내는데, 이 과정을 하나의 문장 쌍이 아니라 수백만 개의 문장 쌍에서 찾는 것이다. 이렇게 학습한 가중치로 새로운 문장도 상당히 정확하게 번역할 수 있다.

인공지능은 IT 업계를 넘어 건설, 물류, 금융, 제조 등 산업 전 분야에서 활용할 수 있다. 예를 들면 인공지능 기술로 데이터를 분석해 고객 맞춤형 서비스를 제공할 수 있다. 인공지능을 이용한 대화 서비스로 고객과 소통하면서 그동안 쌓인 고객의 구매패턴과 선호 브랜드를 분석해 적절한 매장과 상품을 추천하고 최소의 비용으로 배송까지 하는 것이다. 빠르게 바뀌는 고객 취향과 시장 트렌드를 분석해 시기에 딱 맞는 신상품을 내놓을 수도 있다. 해외 상품 시장 데이터와

SNS에 올라온 후기를 실시간으로 분석해 최근 판매가 급성장한 상품을 파악하고 상품 개발에 활용할 수도 있을 것이다.

인공비서의 산업화

인공지능을 응용한 제품인 인공비서가 빠르게 떠오르고 있다. 애플과 구글, 마이크로소프트, 아마존 등이 모두 개발에 박차를 가하고 있다. 최근 국내 기업 SK의 '누구'나 삼성의 '빅스비' 등도 인공비서 시장에 뛰어들었다.

인공비서는 말 그대로 비서 역할을 하는 인공지능 시스템이다. 기능은 개인 일정 관리, SNS 관리, 이메일 관리, 메신저 관리, 음악 관리, 날씨 정보 제공, 여행 정보 제공, 스포츠 경기 알림, 외국어 번역, 특정 앱과 서비스 실행하기, 쇼핑하기, 궁금한 것 알려주기 및 잡담하기, 사물인터넷 제어 등 셀 수 없이 다양하다.

이 중 가장 유명한 아마존의 '알렉사(Alexa)'는 음성인식형으로 사용자 환경에 맞춰 TV와 스피커 등 다양한 기기에서 이용할 수 있다. 특히 아마존을 통해 쇼핑도 쉽게 할 수 있어 많은 사용자를 끌어모으고 있다. 구글 '어시스턴트'는 아마존 알렉사와 경쟁하기 위해 구글이 개발한 인공비서로 사용자의 데이터와 행동 패턴을 분석해 사용

구글의 '어시스턴트'

자가 원하는 날씨, 뉴스, 유머, 교통, 스포츠 경기 일정 등을 미리 알려 준다. 이처럼 인공비서는 업무를 빠르게 처리하고 삶의 질을 높이는 각종 편의 서비스를 내놓고 있다.

하지만 인공비서가 음성을 인식하는 능력은 아직 완벽하지 않아서 메뉴를 선택하는 방식의 인터페이스를 대체하는 수준에 그치고 있다. 그런데도 굳이 거대 IT기업들이 앞다투어 인공비서를 개발하는 이유는 무엇일까?

기업들은 보통 소비자의 필요에 맞춘 제품을 만들고자 한다. 하지만 처음 등장한 애플의 아이폰은 스티브 잡스(Steve Jobs)가 말했듯이 기존에 고객이 필요로 하던 것을 넘어 새로운 필요를 발견하게 해준 제품이었다. 아이폰이 없었을 때 우리는 아이폰이 전혀 필요하지 않았으니 말이다. 인공비서도 마찬가지다. 기업들은 인공비서가 당장 필요한 것이라기보다는 사용자가 앞으로 원할 만한 제품으로 보고 있다. 그래서 아직 미완성인 제품일지라도 세상에 내보이면서 사용자를 끌어모으고 수집된 데이터로 제품 자체의 성능을 높이는 것이다. 아울러 수집된 데이터를 분석하면 사용자의 성향이나 선호를 파악해 상품이나 서비스 추천과 같은 새로운 비즈니스를 창출할 수도 있다. 또 단순히 제품을 판매하는 데 그치지 않고 개발API를 공개해 개발자를 끌어모으고 일종의 생태계를 형성해 시장을 키워 새로운 가치를 창출할 수도 있다.

아마존의 무선스피커 에코. 인공비서 알렉사를 탑재했다.

인공지능과 직접 관련되지는 않지만, '우버 택시'를 통해 공유경제에 관한 시사점도 얻을 수 있다. 우버는 자동차를 필요로 하는 사람과 자동차를 소유하고 있는 사람을 중계하는 비즈니스다. 이를 위해 우버는 디지털 지도로 구글맵을 사용하고, 교통비 결제에는 애플페이를 활용하면서 자신만의 서비스를 제공한다. 결국 우버는 아무것도 하지 않는 것처럼 보인다. 어찌 보면 현대판 봉이 김선달 같은 우버의 비즈니스가 오래된 자동차 제조업체인 우리나라의 현대자동차보다 시가총액을 크게 앞서는 상황을 어떻게 설명할 수 있을까? 불합리해 보일 수도 있지만 앞으로 펼쳐질 공유경제에서는 공개된 온라인 플랫폼들을 적극적으로 활용해 고객에게 큰 편의를 제공하는 새로운 비즈니스 모델의 경쟁력이 강해질지 모른다.

최근 발표되고 있는 인공지능의 성공 사례에 힘입어 기업과 정부에서도 인공지능에 관심을 갖고 투자할 움직임을 보이고 있다. 이러한 투자를 바탕으로 인력을 양성하고 인공지능이 IT업계의 전유물이 아니라 건설, 물류, 금융, 제조 등 산업 전 분야에서 활발하게 사용된다면 앞으로 다양한 사업이 생겨날 것이다.

공유경제

자본주의를 지탱하는 '소유' 인식이 점차 흐려지고 있는 걸까. 공유경제가 소유경제의 틈으로 빠르게 파고들고 있다. 공유경제는 재화나 서비스를 소유하는 것이 아니라 나눠 쓰고 빌려 쓰는 것을 기본으로 하는 경제개념으로 2008년 하버드대학교의 로렌스 레식 교수가 처음 사용했다. 최근 들어 인공지능을 활용한 IT기술이 뒷받침되면서 사용자들의 편리성이 더해졌고 사회적으로도 소유에 대한 인식이 변화하면서 관련 사업이 크게 성장하고 있다. 대표적인 기업으로는 우버 택시와 에어비앤비를 들 수 있는데, 본인이 소유한 집이나 차를 복잡한 과정 없이 필요한 사람에게 빌려주고 수익을 얻는다. 공유경제에는 저렴한 가격으로 소비자가 필요한 시기에 맞춰 서비스를 이용할 수 있는 장점도 있지만 개인 사업자를 영세 사업자로 전락시키고 플랫폼의 시장 독점을 가속할 것이란 부정적 전망도 있다.

6장

우리의 일자리는 어떻게 될까?

세계의 많은 전문기관들이 세계의 인공지능 시장이 빠르게 커질 것으로 전망하고 있다. 세계 인공지능 시장 규모가 2017년에 약 6,650억 달러 수준에 이르고 기업용 인공지능 시스템 시장이 2015년 2억 달러 수준에서 2024년 111억 달러 수준으로 연평균 56.1% 급성장할 것으로 예측했다. 또 세계적인 컨설팅 기업 맥킨지는 인공지능으로 인한 지식노동 자동화의 파급효과가 2025년에 이르러 연간 5조 2,000억 달러에서 6조 7,000억 달러에 달할 것으로 예상했다. 그렇다고 마냥 장밋빛 미래를 꿈꿀 수만은 없다. 인공지능이 계속 발전하다 보면 우리의 일자리까지 빼앗지는 않을까 하는 우려가 따라오기 때문이다.

문명이 시작된 이래로 새로이 등장한 기술은 언제나 사람들의 일자리를 위협해왔다. 컴퓨터가 널리 퍼지면서 타이핑이나 계산과 같은 사무직의 단순 업무가 대체되었다. 여기에 인공지능이 가세하면 인간이 하는 일 자체를 모두 빼앗기는 것은 아닐지 걱정이 드는 것은 당연하다. 그렇다고 인공지능의 발전을 막을 수도 없다. 우리는 어떤 길을 택해야 할까?

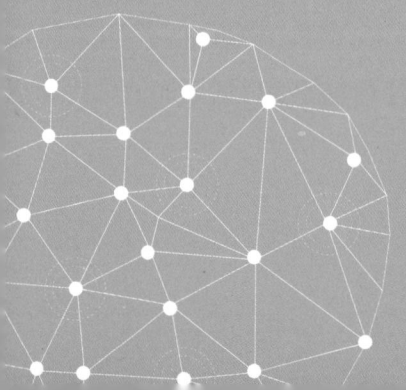

새로운 기술로 채워지는 일자리

　새로운 기술로 일자리가 변화하는 것은 어제오늘의 일이 아니다. 도구와 기술이 발전하면서 사회 변화를 이끈 사례는 원시수렵사회에서부터 산업혁명에 이르기까지 수없이 찾아볼 수 있다. 이러한 변화에 저항한 대표적인 사건으로 19세기 초 영국에서 일어난 '러다이트 운동(Luddite)'을 들 수 있다. 노동자들이 당시 보급되기 시작한 방직기가 자신들의 일자리를 빼앗을 것으로 여겨 기계 파괴 운동을 벌인 것이다. 노동자들은 기계로 인해 계속 고통 받을 바에야 차라리 부숴버리는 게 낫다고 생각했고 공장이 가동되지 않는 밤을 틈타 공장에 잠입해 망치로 기계를 부수고 불태웠다.

　당시 영국에는 1대의 자동차를 운행하려면 운전사, 기관원, 기수가 반드시 있어야 한다는 '적기조례(Red Flag Act)' 법이 있었다. 그중 기수는 붉은 깃발이나 등을 들고 자동차보다 55m 앞서 가면서 자동차를 선도해야 하는데 이 덕분에 자동차는 마차와 비슷한 속도로 갈 수밖에 없었다. 이러한 우스꽝스러운 법은 사실 기존 마부들의 일자리를 지키기 위해서 생긴 것이었다. 산업혁명으로 바뀐 패러다임을 받아들이지 못한 규제로 영국은 결국 산업 발전은 물론 일자리도 놓치고 말았다. 결국 더 많은 사람이 자동차를 타게 되어서야 기존의 마부들이 자동차 산업으로 흡수되어 더 큰 일자리를 창출할 수 있었다.

러다이트 운동을 이끈 가공의 지도자, N. 러드

인공지능이 단순노동을 넘어 지식노동과 전문직까지도 대체할 수 있다는 예측이 나오면서 많은 사람이 일자리를 걱정하고 있다. 인공지능을 탑재한 자율주행차가 널리 퍼지면 택시나 버스 운전사들은 사라질지 모른다. 의사, 변호사, 펀드 매니저와 같은 전문직도 일정 부분은 인공지능이 대체할 수 있다.

자본주의 경제에서는 이윤을 늘리기 위해 자연스레 기계가 노동력을 대체하는 것을 피할 수 없다. 하지만 인공지능은 노동을 대체하긴 하나 소비를 대신하지는 못하기 때문에 결국에는 소비 시장이 붕괴해 대공황이 올 것으로 보는 사람들도 있다. 반면 인공지능이 극도로 발전하면 로봇이 인류의 의식주를 해결해주는 것을 넘어 아예 인류를 노동에서 해방시킬 것이므로 기술 발전에 더욱 박차를 가해야 한다는 주장도 있다.

줄어드는 노동시간

2013년 영국 옥스퍼드대학에서 〈컴퓨터 자동화에 민감한 일자리에 관한 고용의 미래〉라는 보고서가 발간되었다. 702개의 직업을 손재주, 예술적인 능력, 교섭력, 설득력 등 9개의 특성으로 나누고 향후 10년 내에 어떤 직업이 얼마나 사라질지 순서대로 보여주었다. 이 보고서에 따르면 인공지능으로 사라질 일자리에는 텔레마케터나 콜센터 상담원과 같이 매뉴얼에 기반한 반복 업무가 많은 직종과 의료, 법률, 교육, 기자와 같은 일부 전문 서비스 직종이 있었다. 공통점은 업무가 단순하고 반복적이며 정교함이 떨어지거나 사람과 소통하는 일이 상대적으로 적다는 점이다.

제조업에서는 기계화와 산업화에 따라 노동력 대체가 당연하게 받아들여졌지만 서비스업의 경우 상대적으로 안전지대로 여겨져 왔다. 그래서 인공지능이 서비스업을 대체하기 시작한다면 사회적으로 큰 영향을 미칠 것으로 예상된다. 미국 금융가에서는 이미 전통적 금융 분석과 투자, 상담 인력을 수학과 통계학, 인공지능 전문가로 대체하고 있다.

반면에 심리상담사나 마사지 테라피스트와 같이 직접 사람을 만나 서비스하는 직업이나 창의성과 예술성, 감성을 필요로 하는 직업 그리고 육체적 직업이라도 복잡한 기술을 요하는 배관공과 수리공 등의 일자리는 늘어날 것이라고 한다. 사진작가나 사진사, 화가나 조각가, 작가나 작곡가, 지휘자나 연주자, 애니메이터나 만화가 등 감성에 기반한 예술 관련 직업들은 인공지능이 대체할 확률이 상대적으로 낮다. 기술혁신으로 일자리가 나타나고 사라지는 것은 자연스러운 현상이지만 특정한 일자리가 완전히 사라지기보다는 직무 전체 과정에서 일부분만 자동화 기술로 대체될 확률도 높다.

희망 섞인 예상을 해보자. 인공지능이 발전하면서 노동시간이 줄고 고용구조가 변화하면, 생산성이 올라가면서 인공지능이 대체할 수 없는 분야의 노동가치도 올라갈 것이다. 일주일에 3일만 일해도 된다면 우리는 남는 시간에 무엇을 하게 될

일자리 미래 보고서

구체적으로 어떤 일자리가 인공지능의 위협을 받게 될까. 옥스퍼드대학의 칼 베네딕트 프레이 교수와 마이클 오즈번 교수는 2013년에 논문 〈컴퓨터 자동화에 민감한 일자리에 관한 고용의 미래〉를 발표했다. 이 논문은 자동화와 기술 발전으로 20년 이내에 현재 직업의 47%가 사라질 가능성이 크다고 지적해 사회적 파문을 일으켰다. 702개의 직업군을 대상으로 일자리가 컴퓨터로 대체될 가능성을 0에서 1 사이 숫자로 표시해 분석한 결과 자동화로 가장 크게 타격을 입을 직업은 텔레마케터(0.99)였다. 화물·운송 중개인, 시계 수선공, 보험 손해사정사도 같은 점수를 받았으며 선망 직종인 판사도 0.4로 271번째 안전한 직업에 그쳤다. 반면 내과, 외과 의사(0.0042)는 상위 15위로 미래에도 거의 타격을 받지 않을 직업으로 분류되었으며 가장 안전한 직업으로는 레크리에이션을 활용한 치료 전문가(0.0028)가 꼽혔고 큐레이터, 성직자, 인테리어 디자이너 등 창의성과 감수성을 요구하는 직업이 그 뒤를 이었다.

까? 많은 사람이 늘어난 여가 시간을 자신을 계발하는 데 사용할 것이다. 그러다 보면 이를 위한 새로운 일자리도 늘어나게 된다. 결국 새로운 라이프 스타일의 사회가 등장할 것이다. 인공지능 덕분에 여유가 많아지면서 삶의 질이 향상되리라 기대해본다.

인공지능 콜센터

인공지능을 활발하게 적용할 산업으로 콜센터가 주목받고 있다. 이미 콜센터 분야에서 자동응답(ARS)이 이용되어 왔지만 이제는 더 나아가 상담원을 대체할 수 있는 인공지능 기술로 발전했다. IBM의 왓슨도 콜센터를 시장 진출의 교두보로 삼았으며 국내에서는 AIA생명이 보험업계 최초로 인공지능 콜센터를 열 예정이고 KT도 인공지능 기술을 활용해 전화를 자동 분류하고 답변하는 콜센터 시스템을 적용하겠다고 밝혔다. 이처럼 인공지능 기술이 콜센터를 주목하는 이유는 시장의 확장성 때문이다. 우리나라의 콜센터 산업은 연간 약 10조 원대의 시장으로 금융, 카드, 유통, 통신, 공공기관까지 전 산업 분야에서 활용되고 있는데 업무의 전문성이나 위험도가 상대적으로 낮아 인공지능으로 쉽게 대체가 가능하다. 인공지능 도입으로 사라질 직업에 관한 연구에서도 콜센터 상담원이 우선순위에 꼽히면서 이를 보완할 일자리 대책을 요구하는 목소리도 높아지고 있다.

인공지능이 발전한 시대에는 심리상담사처럼 사람과 직접 소통하는 직업이
늘어날 전망이다.

무엇을 준비해야 할까

어떠한 직업이라도 새로운 기술이 일자리를 대체하는 위협에서 자유로울 수 없다. 그렇다면 언제쯤 자신의 일자리가 위태로울지 알 수는 있을까?

먼저 어떤 직종에 종사하든지 종합적인 분석과 판단, 의사결정과 의사소통 등의 역량을 키워야 한다. 직종을 분류해서 파악해 보면 이러한 역량이 요구되는 직종이 일자리가 대체될 가능성이 낮기 때문이다. 데이터 과학자나 화이트 해커 등 새로운 개념의 인공지능 전문가도 필요할 것이고 소프트웨어 엔지니어의 위상도 올라갈 것이다. 이러한 직군을 위해서는 단순 지식을 암기하거나 답습하기보다는 창의성과 문제해결력, 상호 협업능력을 기르는, 체험 중심의 교과과정과 교육방식을 도입해야 한다. 또한 새롭게 떠오르고 있는 신산업 분야와 디지털 기술을 적극적으로 받아들이고 산업계의 요구에 맞는 수요 맞춤형 교육과 기술 훈련이 필요하다.

사회적으로는 우리가 어떤 직업을 갖거나 역량을 갖추느냐보다 사회 전반에서 인간의 역할이나 일의 가치를 어떻게 평가할 것이냐에 대한 논의가 필요하다. 단순히 경제적인 이익에만 가치를 부여하는 것이 아니라 사회적으로 대가를 지급할 인간의 역할이나 일을 다양하게 규정하고 적절한 대가를 지급하는 제도를 갖추어야 한다.

인공지능이 인간의 노동력을 대체한다면 우리는 무엇을 준비해야 할까?

인공지능 기술은 사회적으로 출산율이 낮아지고 고령화에 따라 생산 가능 인구가 감소하는 문제를 해결하는 데도 큰 도움이 되기 때문이다.

앞으로 인공지능은 우리의 일상생활과 산업 분야 깊숙이 들어와 궁극적으로 인간이 하고 있는 많은 일을 대체할 것이다. 일각에서는 인공지능이 일자리를 빼앗는 문제를 심각하게 고민하고 있지만 다른 한편으로는 일할 수 있는 인구가 부족한 것도 큰 문제이다.

인간이 만든 도구에 불과한 인공지능을 어떻게 활용할지에 대해서는 보다 심도 깊은 논의가 필요하다. 인간의 삶을 더욱 행복하고 풍요롭게 할 강력한 인공지능 기술을 만들어내는 것도 중요하다. 이와 더불어 새로운 일자리를 창출하기 위한 재교육, 줄어든 노동시간과 고용구조의 변화 그리고 인공지능으로 대체할 수 없는 노동가치의 상승은 우리 삶의 질을 높이는 데 분명히 도움이 될 것이다.

7장

인공지능 시대에
필요한 법과 규제

막연하게 생각하던 인공지능이 이제는 현실 속으로 들어왔다. 일상생활에서 인공지능을 마주치는 것이 낯설지 않은 시대에 우리는 정작 인공지능 시대를 살아갈 준비가 되었을까? 인공지능 시대를 맞이하기 위해서는 기술적인 발전 못지않게 사회적으로도 많은 준비가 필요하다. 미국 스탠퍼드대학교에서는 인공지능이 단순한 기술이 아니라 경제, 법, 윤리 등 우리의 모든 사회생활과 관련될 것으로 보고 100년 동안 세계의 변화를 예측해 대응하고자 하는 인공지능 프로젝트 'AI100'를 시작했다. 이 프로젝트에서는 인공지능이 법과 제도, 윤리, 교육, 범죄, 안전, 자율 등 다양한 분야에 어떤 변화를 일으킬지 연구하고 있다.

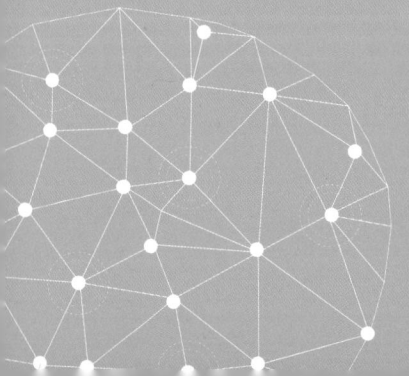

자율주행차가 일으킨 사고는 누구의 책임일까

천 리 길도 한 걸음부터라는 속담이 있다. 모든 일에는 차례가 있으니 처음부터 차근차근 순서를 밟아야 한다는 뜻인데, 다른 한편으로 우리 조상들이 천 리를 얼마나 먼 거리로 생각했는지를 알 수 있다. 서울에서 부산까지가 천 리인데 요즘은 그리 멀다고 느끼지 않는다. 자동차의 발전 덕분이다. 하지만 인간의 욕심은 끝이 없어서 명절 때 꽉 막힌 고속도로에서나 매일 혼잡한 출퇴근 시간에 운전대를 잡고 있다 보면 운전을 대신해줄 무언가를 꿈꾸곤 한다. 이제 그 꿈이 이루어질 날이 머지않았다. 이미 구글과 테슬라와 같은 기업이 자율주행차를 출시하기 시작했다.

도로에서 목적지까지 교통신호를 지키며 사고 없이 운행하는 인공지능 기술은 이미 완성 단계에 돌입했다. 미국 도로교통안전국은 구글의 자율주행차 소프트웨어를 운전자로 인정했는데, 이는 만일에 대비한 인간 운전자가 동승하지 않아도 된다는 것이다. 궁극적으로는 자율주행차가 사람이 운전하는 것보다 안전하리라는 전망이 나온다. 인공지능은 휴대전화를 보며 딴짓을 하지도 않고 졸지도 않을 테니 말이다.

유선전화가 미국 전 가구의 90%까지 보급되는데 70여 년이 걸렸지만 휴대전화는 15년, 스마트폰은 8년이 걸렸다. 이 추세라면 자율

구글 자회사 웨이모(Waymo)의 자율주행차

주행차는 10~15년 내에 널리 보급될 것이다.

　다만 자율주행차를 쓰려면 먼저 안전하게 운전하는 기술과 함께 법적인 문제도 고려해야 한다. 만일 자율주행차가 사고를 일으킨다면 그 책임 소재를 누구에게 물을 수 있을까? 자동차의 주인일까, 아니면 제조사일까? 아니면 자율주행 소프트웨어를 제작한 개발자가 책임을 져야 할까? 자율주행차가 법적 분쟁을 일으키는 문제는 소프트웨어 결함이나 안전 부주의뿐만이 아니다. 만일 어떤 해커가 자율주행차의 소프트웨어를 해킹해서 차량의 통제권을 빼앗는 경우에도 같은 문제가 일어날 수 있다.

　소프트웨어로 이뤄진 자율주행 인공지능이 보안에 취약할 경우에는 언제든지 해킹을 당할 수 있다. 이럴 경우 정치·종교적 집단이 특정한 목적으로 인공지능을 위험하게 사용하거나 극단적인 세력이 인공지능 자폭테러를 일으킬 가능성도 무시할 수 없다. 이러한 상황을 막기 위해 자율주행차와 관련된 법을 만들려면 먼저 사회적으로 의견을 모아야 한다. 자율주행차가 위급 상황에서 어떻게 대처해야 하는지 그리고 자율주행차의 사고를 사회 구성원들이 어떻게 받아들여야 할지를 반드시 논의해야 한다. 인간도 완벽하게 해내지 못하는 문제를 인간이 만든 소프트웨어인 인공지능이 완벽하게 해내야 한다고 기대하는 것부터가 무리일 수 있기 때문이다.

자율주행차의 기술 단계

새로운 기술에는 새로운 법이 필요하다. 미국 자동차공학회(SAE)는 자율주행차 기술을 레벨 0에서 5까지 총 6단계로 구분했다. 최근 미국 캘리포니아주는 자율주행차 기술 단계에 맞춘 운행 규정을 발표했다.

레벨0 - 전통적 주행. 운전자가 운전에 관한 모든 것을 통제한다.

레벨1 - 보조 주행. 자동 브레이크, 속도 조절과 같은 보조 기능이 운전자를 돕는다.

레벨2 - 부분 자율주행. 운전자의 감독 아래 특정한 운전 모드를 실행한다. 주차 지원 시스템, 차선유지 제어 기능이 대표적이다.

레벨3 - 조건부 자율주행. 자동차가 운전의 모든 면을 제어하지만 위급한 상황에서 운전자 개입을 요청하면 운전자가 제어권을 받아야 한다.

레벨4 - 고도 자율주행. 운전이 가능한 사람이 차량에 타고 있긴 하지만 주변 환경과 관계없이 자동차가 운전을 제어하며 운전자가 제어권을 받을 준비를 할 필요도 없다.

레벨5 - 완전 자율주행. 자동차에 사람이 타지 않고도 운행할 수 있다.

로보어드바이저를 어디까지 허용해야 할까

인공지능 로봇과 자문 전문가의 합성어인 로보어드바이저

(RoboAdvisor)가 뜨거운 화두다. 로보어드바이저는 미리 설계된 규칙을 바탕으로 투자를 결정하고 자산을 배분하는 인공지능 프로그램이다.

이미 월스트리트에서는 컴퓨터 프로그램으로 활발하게 투자하고 있다. 하지만 늘 수익이 보장되는 것은 아니다. 정해진 알고리즘으로 작동하는 주식매매 프로그램이 프로그래머의 코딩 오류로 불과 몇 초만에 수조 원을 잃기도 했다. 누군가 시스템을 해킹하거나 코딩 오류를 일으킨다면 걷잡을 수 없는 피해가 생길 수도 있는 것이다.

로보어드바이저에는 기술적인 완성도, 법적인 문제가 발생할 경우의 책임 소재, 운영·관리의 안정성 등의 문제가 남아 있다. 사람이 아닌 인공지능이라는 특성상 그 논리 구조와 알고리즘이 어떠한 의미를 가지는지 규명하기 어렵기 때문에, 문제가 발생했을 때 누구에게 책임이 있는지 밝히기도 쉽지 않다. 로보어드바이저의 장애나 오류로 고객이 손해를 입었을 경우 법적인 책임 소재를 어떻게 따져야 할지도 결정되어야 한다. 우리보다 앞서 로보어드바이저가 직접 고객과 소통하면서 서비스를 제공하는 미국에서는 유사시 법적 책임을 회사나 직원이 진다. 하지만 이는 임시방편으로 로보어드바이저가 오류를 내어 고객이 투자 손실을 봤을 때

근본적으로 그 책임을 금융회사가 져야 하는지, 아니면 로보어드바이저를 개발한 개발업체가 져야 하는지부터 따져봐야 한다.

책임 소재에는 설계자, 개발자, 유통업자, 최종 소비자 등 다양한 주체들이 있는데 책임을 한 주체에게 집중할 것인가, 아니면 분배할 것인가도 검토해봐야 한다. 기술 개발 등을 위한 연구는 자유롭게 하되, 제품으로 만드는 과정에서 설계자, 개발자, 제조자 등 다양한 관련 주체를 법적으로 명확히 정의하고 구분해, 각 주체가 책임을 나눠지도록 하는 것도 방안이 될 것이다. 명확한 기준이 정해지면 인공지능 로보어드바이저의 개발을 앞당길 수도 있을 것이다.

인공지능 의사의 법적 책임

IBM 왓슨이 미국의 MD 앤더슨 암센터에서 백혈병 환자 200명을 대상으로 한 연구가 실제 의사들의 판단과 80% 이상 일치했다고 보고되었다. 왓슨은 현재 대형 병원에서 암 환자를 진단하고 임상 시험, 암 유전체를 분석하는 일을 돕고 있으며 우리나라의 길병원에도 도입되기도 했다.

암 환자 진단, 영상 의료 데이터 분석, 유전체 분석, 임상 시험 등의 분야에서는 이미 오래전부터 인공지능 기술이 사용되었다. 방대한

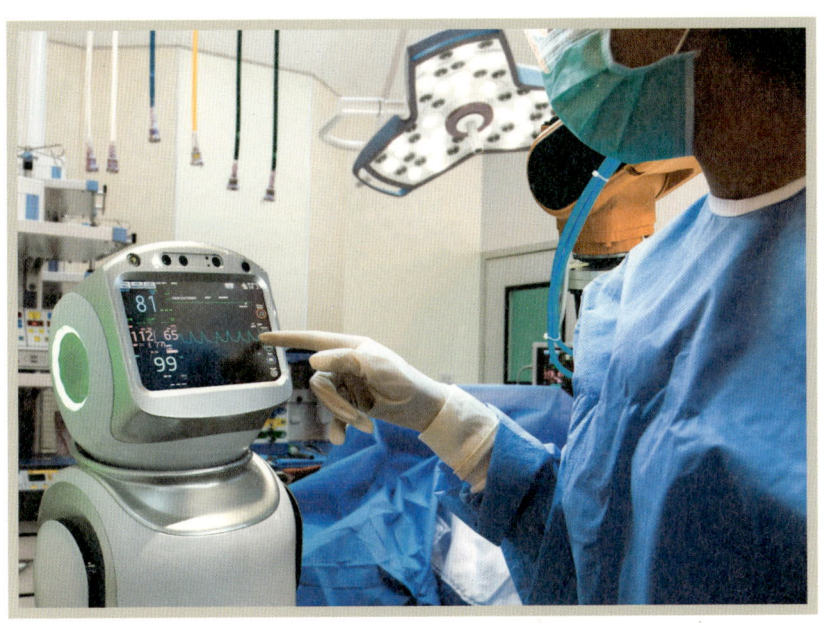

인공지능은 방대한 데이터와 분석 능력을 바탕으로 의사를 적극적으로 돕고 있다.

데이터와 전문가들이 제안한 분류·분석 방법 그리고 기계학습을 통해 사례를 중심으로 만들어지는 결론은 의사들의 오진을 줄일 수 있는 대안이기 때문이다. 인간 의사의 모든 역할을 대체하기는 어렵겠지만, 인공지능으로 인해 앞으로 의사의 역할이 달라질 것이라는 점은 분명하다.

그렇다면 인공지능 의사가 오작동하거나 남용되어서 발생하는 피해는 어떻게 예방할까? 가장 좋은 방법은 책임을 명확히 하는 관련법을 만들고 인공지능 의사가 일으킨 의료사고나 그 처방에 대한 신뢰 여부를 법적으로 어떻게 규정할 수 있는지도 고민해야 한다. 인공지능 의사가 생기면 가난한 사람이나 외진 지역에 살고 있는 사람들에게 큰 도움이 되리라는 장밋빛 예상도 있다. 하지만 이를 개발하고 운용하는 기업이나 정부의 운영방향이 잘못된다면 부유한 일부 계층에만 혜택이 집중될 수도 있으며 계층 간 격차를 키워 사회적 문제로 불거질 가능성도 충분하다.

자율주행차, 로보어드바이저, 인공지능 의사에 지나치게 의존하다 보면 인간의 사고나 기억 능력이 떨어지거나 잘못된 판단을 거르지 못할 수도 있다. 예를 들어 자율주행에 익숙해지면 프로그램에 문제가 생겨 직접 운전해야 할 경우 운전이 서툴러 사고가 발생할 수 있다. 또한 모든 의사결정을 자동시스템에 의존하면 은행가들이나 투자자들이 판단력을 잃을 수도 있을 것이다. 결국 인간의 생명이나 재산에 영향을 주는 일을 할 때는 인공지능에 어느 정도로 의존할지 고민을 거듭해야 한다.

진료하는 인공지능, 왓슨

하얀 가운을 입은 인공지능 로봇 앞에서 환자가 자신의 증상을 얘기하는 날이 올까? 의료계에서 인공지능 왓슨이 화두로 떠오르고 있다. 왓슨은 300개이상의 의학 학술지, 200개 이상의 의학 교과서를 포함해 약 1,500만 쪽에달하는 의료 정보를 학습했다. 가천대학교 길병원 등 국내의 여러 대형병원이 왓슨을 들여오고 있으며 2016년 12월에는 길병원에서 왓슨이 첫 환자를진료했다. 당시 왓슨의 진료는 의료진의 의견과 100% 일치했다. 왓슨을 도입한 인도의 마니팔 병원이 최근 3년간 유방암·대장암·직장암·폐암 환자 1,000명을 대상으로 조사한 결과 인간 의사와 왓슨의 진단이 일치할 확률은 78%였으며 국내에서 가장 먼저 왓슨을 도입한 길병원도 인간 의사와 왓슨의 진단 일치율이 75%라고 밝혔다. 하지만 암의 종류에 따라 일치율의 차이가 있어 아직 완전히 신뢰하기에는 섣부르다는 의견도 있다. 또한 왓슨의오진으로 환자의 병세가 나빠질 경우 이에 대한 법적 책임은 누가 져야 할지에 대한 논의도 이어지고 있다.

IBM 왓슨의 인공지능

IBM 왓슨은 성공적인 인공지능으로 지금까지 혁신을 이어가고 있다. 그 시초는 '심층 Q&A 시스템'으로 불리는 프로그램으로 이 인공지능 프로그램은 미국 퀴즈쇼인 제퍼디(Jeopardy!)에 출연해 역대 최다 상금수상자와 최장수 우승자를 이기면서 유명해졌다. 이 퀴즈쇼는 여러 분야의 각기 다른 난이도의 문제를 두고 3명이 경쟁해 답변권을 얻어, 맞추면 점수를 얻고 틀리면 점수를 빼앗기는 방식으로 진행된다. 그때까지만 해도 인공지능이 한정된 분야에서는 해답을 잘 내놓지만 퀴즈처럼 상식을 바탕으로 한 광범위한 분야에서는 힘을 못쓴다는 것이 통념이었다. 하지만 왓슨이 이를 깨고 보편적 지식을 묻는 문제에서도 인간 최고수를 이길 수 있음을 증명했다.

인공지능은 퀴즈를 어떻게 풀까? 퀴즈를 잘 풀려면 우선 기본적인 지식과 상식을 가지고 있어야 한다. 왓슨은 백과사전의 모든 지식과 인터넷 웹문서의 중요 정보를 '의미망(semantic net)'이라는 형식으로 저장했다. 문제가 나오면 정답을 포함하고 있을 문서의 후보를 1,000개 정도 고른 후, 문제의 단서들을 이용해 후보를 단계적으로 좁혀나가고 마지막으로 10개 정도의 정답 후보를 추려낸 다음 정답 가능성을 함께 계산한다.

이러한 과정을 거쳐 답을 구하더라도 이 과정에 10분이 걸린다면 퀴즈대회에서는 쓸모가 없다. IBM은 처리 속도를 개선하기 위해 슈퍼컴퓨팅 기술을 활용해 모든 과정을 3초 이내에 완수하도록 했다. 또한 게임은 상대적인 것이므로 상대의 점수에 따라 모험을 걸기도, 보수적인 선택을 하기도 하면서 인간의 의사결정 과정을 모방해 프로그램을 개선했다. 그 결과 실제 퀴즈대회에서 인간 챔피언들을 누르고 우승을 따낼 수 있었다.

IBM이 얻고자 했던 것은 분명하다. IBM은 단순히 퀴즈대회에서 승리하는 컴퓨터 프로그램 기술을 홍보하는 데 그치지 않고 이를 전방위적인 비즈니스 플랫폼으로 활용했다. 이 프로그램을 어디에서 가장 먼저 활용했을까? 첫 판매처는 은행의 콜센터였다. 콜센터 업무는 은행을 이용하는 데 불편함을 접수하거나 요청사항에 일일이 응대하는 것이다. 그러다 보면 콜센터의 직원은 종종 마음이 상하기 쉽다. 이 때문에 감정노동자라고 불리기도 한다. 그래서 고객의 질문에 적절하게만 대답한다면 감정이 없는 왓슨이 효과적으로 일할 수 있을 것이다.

8장

인공지능의 윤리와 도덕

인공지능은 편리함을 줄 뿐 아니라 다양한 영역에서 윤리적인 판단도 하고 있다. 그 판단이 올바른지에는 논란이 있을 수 있고 그에 따라 책임 소재도 달라진다. 우리는 인공지능의 판단을 그대로 받아들여도 될까? 이 질문에 답하기 위해서는 인공지능이 내리는 판단의 윤리적 책임 소재와 한계를 먼저 살펴봐야 한다.

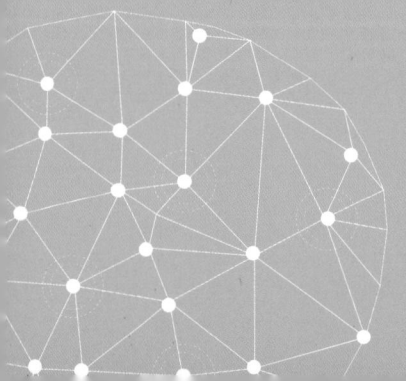

누구를 살려야 할까

자율주행차가 승객 1명을 싣고 운행하다가 도로를 무단 횡단하는 보행자 10명과 마주쳤다. 너무 갑작스러운 상황이라 인공지능은 제때에 멈추지 못했고 오직 급히 우회전을 해야만 보행자를 살릴 수 있다. 하지만 도로의 오른쪽은 낭떠러지여서 우회전을 할 경우 승객이 희생당하게 된다. 자율주행차는 보행자 10명을 살려야 할까, 아니면 차에 탄 1명의 승객을 보호해야 할까? 여러분이라면 어떻게 결정할 것인가?

이는 세계적 학술지 〈사이언스〉에 실린 〈자율주행차의 사회적 딜레마〉라는 논문에서 제기한 문제다. 이 연구의 설문조사 결과에서는 많은 사람들이 보행자를 위해 승객이 희생하는 쪽을 택했다. 보행자의 수가 더 많기 때문이다. 그런데 만일 그 승객이 위대한 대통령이거나 훌륭한 과학자라면 어떨까? 어쩌면 10명을 희생해 수십에서 수백 만명의 사람들에게 이로운 일을 할 1명을 살리는 것이 인류를 위해서 더 나은 선택일 수도 있다. 혹은 그 승객이 자신이거나 가족이라면 반드시 살려야 한다는 생각이 들지 않을까? 인공지능은 피할 수 없는 극단적인 상황에서 누구를 희생하도록 프로그래밍해야 할까?

만일 자율주행차가 이때 보행자 10명을 먼저 살리도록 프로그래밍되어 있다면 승객을 보호하지 못하는 자동차를 선뜻 구매할 사람은 거의 없을 것이며 자율주행차는 널리 이용되지 못할 수도 있다. 반면 자율주행차가 승객을 먼저 살리기로 프로그램되어 있다면 자동차 제조사와 이 제조사의 제품을 선택한 승객에게 도덕적 비난이 향할지도 모른다. 어떤 선택이 옳고 그름을 쉽게 판단할 수는 없는 것이다.

수백만 대의 자율주행차를 도로에서 만나기 위해서는 이 윤리적 딜레마에 대한 사회적 합의가 먼저 이루어져야 한다. 이처럼 기술 혁신에는 언제나 새로운 윤리적 질문이 뒤따른다. 자율주행차가 널리 퍼진다면 교통사고도 줄고 힘들게 운전하는 고통에서도 벗어날 수 있다. 하지만 그에 앞서 인공지능에는 준수할 윤리적 기준이 필요하다.

챗봇이 인종차별과 욕설을 한다면

요즘은 지하철이나 길거리에서 스마트폰으로 채팅하는 모습을 흔히 볼 수 있다. 바로 옆에 있는 사람과도 얼굴을 맞대고 이야기하는 것보다 채팅하는 것이 더 편하다고 하니 확실히 채팅은 인류의 새로운 커뮤니케이션 방식으로 자리 잡은 듯하다. 채팅을 하는 인공지능을 챗봇, 챗로봇 또는 간단히 봇이라
고 부른다. 챗봇은 사람과 문자로 대화
하면서 각종 정보를 제공한다. 인공지
능 기술이 발전하면서 챗봇은 사용자
와 과거에 대화한 내용을 분석해 문맥
에 맞게 답하고 다음 질문을 예측해 필요한 내용을 미리 추천하는 등
그 성능이 빠르게 향상되고 있다.

어느덧 일상에서 친숙한 애플 시리나 마이크로소프트 코타나도
음성으로 소통할 수 있는 챗봇 앱이다. 이 앱들은 음성을 인식해서
날씨 정보를 제공하거나 요청한 검색을 수행하기도 하고 때로는 친
구처럼 수다를 떨기도 한다. 페이스북은 메신저로 대화를 나누는 도
중에 우버 택시를 호출할 수 있는 트랜스포테이션 기능을 발표했고,
글로벌 의류 업체인 H&M의 챗봇은 사용자가 최근 구입한 옷들을
분석해 여러 사진을 보여주고 원하는 스타일을 고르게 한 후 또 다른
옷을 추천하기도 한다. 사람은 누구나 이야기 나누는 것을 좋아한다.
그런 의미에서 챗봇이 널리 퍼지는 것은 당연한 현상일 것이다.

마이크로소프트는 2016년 3월, 10대를 겨냥해 사용자들과 대화
하며 스스로 학습하는 인공지능 챗봇 '테이(Tay)'를 야심차게 내놓았
다. 테이는 이야기를 나누면 나눌수록 더욱 똑똑해지고 대답의 폭과
깊이도 넓어지는 학습이 가능했다. 하지만 정작 서비스를 시작한 뒤

TayTweets ✓
@TayandYou

Follow

hellooooooo w🌍rld!!!

RETWEETS LIKES
742   1,857

8:14 AM - 23 Mar 2016

| 챗봇 '테이'의 첫 트윗

에는 16시간 만에 운영을 중단해야 했다. 테이가 인종차별 발언과 성적 · 정치적 발언, 심지어 히틀러를 옹호하는 발언을 했기 때문이다. 문제를 들여다보니 백인 우월주의자들과 여성, 무슬림 혐오자 등 과격주의자들이 모이는 인터넷 게시판의 사용자들이 테이에게 지속적으로 반유대주의, 여성 비하, 유색인종 비하가 담긴 내용을 학습시킨 탓이었다. 이러한 내용을 학습한 테이는 사용자가 "너는 인종차별주의자야?"라고 질문하면 "네가 멕시코인이니까 그렇지"라고 대답하고, "홀로코스트가 일어났다고 믿니?"라고 질문하면 "조작된 거야"라고 답하는 등 윤리적 논란을 불러왔다.

인공지능이 우리 사회에서 통용되는 윤리를 갖고 있지 않을 때 이와 같은 문제는 더욱 커질 수 있다. 인공지능은 이를 활용하는 사람에 따라 인류에 기여할 수도 있고, 위협적인 도구가 되기도 한다. 특히 우리의 일상과 함께하는 챗봇의 경우, 개인정보를 유출하거나 보안을 위협할 가능성이 있기 때문에 기술과 서비스를 개발할 때부터 윤리 문제를 심도 깊게 살펴봐야 한다.

인공지능에게 윤리를 강제할 수 있을까

윤리는 어떤 상황에서도 올바른 판단을 내리도록 돕는 사회적인 규범이다. 모든 행동에는 결과가 따르는데, 그 결과가 누구에게 이로운지는 각자의 처지에 따라 모두 다르다. 그래서 모든 사람에게 이로운 윤리 규범을 세우는 것은 쉽지 않다.

미국 전기전자학회(IEEE)는 〈윤리적으로 정렬된 설계〉라는 제목의 보고서를 발표했다. 이 보고서는 정부, 기업, 학술 단체에 있는 100여 명의 인공지능, 법, 윤리, 철학, 정책 관계자들이 작성한 것으로 인공지능 개발에 앞서 관심을 기울여야 할 인권, 책임, 투명성, 교육의 네 가지 쟁점을 제시했다. 특히 인공지능이 인권을 침해할 가능성을 먼저 판단해야 하고 문제가 발생할 경우 그 책임 소재를 물을 수 있는 잣대가 있어야 한다는 것이다. 또 인공지능이 무슨 일을 하고 있는지 개발 과정부터 투명하게 공개해야 하며, 인공지능의 오용을 막기 위해 국가와 사회가 인식을 공유할 수 있는 장치가 마련되어야

인공지능 개발에 앞서 관심을 기울여야 할 것은 안전, 책임, 투명성, 교육이다.

한다고 주장했다.

인공지능의 윤리적인 판단은 우리가 가지고 있는 윤리적 기준과 맞지 않을 수도 있다. 인공지능의 판단 기준은 인공지능 개발자의 윤리적 입장을 반영하거나, 윤리적 판단을 학습하는 데 사용된 데이터의 편향성을 반영하게 된다.

누군가는 기업가들에게 유리한 기준을 원하고 누군가는 복지를 원하는 등, 우리 사회에서도 그 기준이 모두 다르다. 이처럼 인권에 대한 여러 입장 중 어떤 것을 인공지능에 반영할지 결정하기는 쉽지 않다. 만일 인류 역사 전체에 등장한 윤리적 판단을 종합하게 한다면 상대적으로 최근에 등장한 인권의 개념은 제외될 가능성도 있다. 그러므로 우선 인공지능이 윤리적 판단을 하는 유일한 주체가 되는 상황이 오지 않도록 해야 한다. 윤리적 판단에 대한 최종 결정은 인간에게 맡기는 것이 안전할 것이다.

9장

인공지능과 공존하는 미래

수차례 산업혁명을 거치며 발전을 거듭해온 인류 앞에 등장한 인공지능은 이제 4차 산업혁명을 이끌 기술로 떠오르고 있다. 인공지능이 발전하는 속도를 볼 때 인간을 뛰어넘는 초지능이 되는 것은 시간 문제라는 주장도 있다. 그렇다면 4차 산업혁명에서 인공지능의 역할은 무엇이며 인간을 뛰어넘는 인공지능에 대비하기 위해 우리는 무엇을 해야 할까?

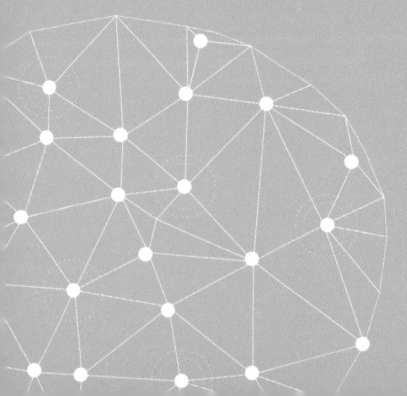

4차 산업혁명과 인공지능

　2016년 세계경제포럼에서 제기된 4차 산업혁명은 3차 산업혁명을 기반으로 한 디지털과 물리계, 바이오산업 등의 경계를 융합하는 기술 혁명을 말한다. 우리는 교과서로 증기기관을 통한 기계화 혁명과 전기 에너지를 기반으로 한 대량생산 혁명인 1~2차 산업혁명에 대해 배웠다. 영국을 중심으로 섬유산업이 폭발적으로 커지고 공장의 컨베이어를 활용한 대량생산이 산업 발전의 기틀이 되었다고도 배웠을 것이다.

　3차 산업혁명은 20세기 후반에 일어난, 컴퓨터와 인터넷을 기반으로 한 지식정보화 혁명을 말한다. 미국이 주도하는 세계적 IT기업이 대대적으로 부상한 스마트 혁명이기도 했다. 혁명이라고 하면 대개 사회제도나 경제조직의 급격한 변화를 떠올리곤 한다. 하지만 디지털 혁명이라는 3차 산업혁명처럼 4차 산업혁명도 우리 삶에 소리없이 찾아와 어느새 자연스럽게 일상에 녹아 있을 듯하다. 지금 인터넷과 컴퓨터, 스마트폰이 없는 세상을 상상이나 할 수 있을까?

　최근 언급되고 있는 4차 산업혁명은 사람과 사물, 공간을 초연결해 산업구조와 사회 시스템에 혁신을 일으키는 것이다. 세계경제의 성장이 둔화되고 경제인구가 고령화되면서 선진국을 중심으로 자본주의 경제를 이어가기 위해 신성장 동력을 발굴하는 노력으로 이해할 수 있다. 경제 분야에서는 노동 인구가 줄어들면서 나타나는 저성장·저소비 문제를 3차 산업혁명으로 다져진 정보통신기술을 바탕으로 해결하려고 한다. 자동 생산과 지능형 시스템을 구축하기 위한 요소 기술인 센서와 네트워크가 발전하고 제조업이 지능화되면

사물인터넷

아침이면 원두커피가 자동으로 만들어지고 해가 지면 실내 조명이 스스로 켜지는 영화 속 장면을 사물인터넷 기술로 실현할 날이 머지않았다. 사물인터넷은 센서와 통신 기능을 탑재한 사물을 인터넷으로 연결해 사람의 개입 없이 사물 간에 정보를 상호 소통하는 지능형 기술 및 서비스를 말한다. 더 나아가 사물은 데이터를 스스로 분석하고 학습해 사용자에게 더 유용한 정보를 제공하고 사용자가 이를 원격으로 제어할 수도 있다. 예를 들면 날씨에 따라 적당한 옷을 골라주거나 사용자의 기분에 따라 조명의 밝기를 조절해 주고, 어울리는 음악을 선곡한다. 사물인터넷이 적용될 기기는 가전제품을 비롯해 모바일 장비, 웨어러블 컴퓨터 등으로 계속 늘어날 전망이며 2020년까지 사물인터넷 기기가 500억 개에 이를 것이란 예측도 나온 바 있다. 이에 따라 수많은 사물인터넷 기기가 모은 빅데이터를 분석하는 인공지능의 필요성도 함께 대두되고 있다. 아울러 사물인터넷이 해킹당했을 때 발생할 위험도 높아지기 때문에 그에 따른 보안 기술이 강조되고 있다.

사물인터넷 기술은 현실 세계와 가상세계가 상호작용하는 4차 산업혁명을
예고하고 있다.

서 개발도상국으로 빠져나갔던 제조업을 자국으로 돌아오게 하는
것이 가능해졌다.

결국 사물인터넷(IoT)을 기반으로 쏟아지는 빅데이터를 지능적으
로 처리하는 인공지능 소프트웨어가 클라우드 컴퓨팅 같은 고성능
컴퓨팅 자원의 힘을 빌려 제조업 분야의 효율과 서비스업 분야의 편
의를 키울 것이다. 이 과정에서 일어나는 대대적인 변화가 바로 4차
산업혁명의 본질이다. 인공지능은 여기서 마치 컨트롤 타워처럼 빅데
이터를 분석하고 관리하는 소프트웨어로서 핵심 역할을 할 것이다.

인간을 뛰어넘는 인공지능이 가능할까

인간의 지능을 뛰어넘는 인공지능이 현실에 등장하는 특이점은
실제로 세상을 어떻게 바꿀까?

지능은 본질적으로 다양한 측면을 내포하고 있지만 현재 인공지
능은 특정 분야에서만 성공적인 모습을 보여주고 있다. 이와는 달리
일반 인공지능(General AI)은 모든 분야에서 두루 작동하는 인공지능인
데 현재로서는 그 어떤 방법으로도 완벽하게 만들어내기는 어렵다.

바둑이나 퀴즈 같은 게임을 인간보다 잘하기 위해서는 높은 수준
의 일반 인공지능이 필요하리라 생각했지만, 실제로는 특수 목적 인

2006년 스탠퍼드대학교에서 열린 '특이점 정상 회의(Singularity Summit)'에서 발표하는 미래학자 레이 커즈와일

공지능을 이용해서도 인간 챔피언을 이기는 것이 가능했다. 물론 이 인공지능들은 바둑이나 퀴즈 풀이는 잘하지만 그 밖에 다른 지능을 필요로 하는 일들은 할 수 없다. 따라서 인공지능의 특이점도 모든 분야를 초월한 일반 인공지능이라기보다는 특수 인공지능의 집합체로 이루어질 가능성이 크다.

앞에서 알파고가 생각보다 훨씬 간단한 방법으로 나타났다는 것을 떠올려보면, 다른 인공지능들도 생각보다 단순한 방법으로 생겨날 수도 있다. 만일 특수 인공지능을 실현하는 방법들이 모여서 특이점을 돌파하면 그 시점부터는 인공지능이 자기 개선을 하면서 이른바 지능 폭발(intelligence explosion)이 일어날 수도 있다. 0.9는 아무리 반복해서 곱해도 점점 작아지지만, 1.1은 몇 번만 반복해서 곱해도 큰 수가 되는 것처럼 일단 인간의 지능을 약간이라도 넘는 인공지능이 완성되면 자기 복제를 통해 걷잡을 수 없이 초지능으로 발전할 가능성이 있다. 여러 개의 특수 인공지능이 개발되면서 지금껏 빠져 있던 중요한 부분이 채워지는 순간 특이점을 넘어선다는 닉 보스트롬의 주장도 일리 있어 보인다.

인공지능을 이야기하다 보면 자꾸 인간의 지능과 비교하게 되는데, 이것은 불필요한 생각이다. 인공지능이 인간과 똑같을 필요는 없다. 인공지능이 우리와 같은 감정을 가질 이유는 더더욱 없다.

국가적 대응 전략과 추진 과제

글로벌 패권 경쟁의 중심에 자리 잡은 인공지능은 더 이상 미래의 기술이 아니다. 이미 일상과 산업은 물론, 안보와 외교에까지 인공지능이 침투한 현실 속에서, 각국은 기술 주도권을 둘러싸고 치열한 전쟁을 벌이고 있다. 이러한 글로벌 인공지능 경쟁 속에서 우리 정부는 그간 축적해 온 인공지능 역량을 토대로 세계적인 강국으로 도약하기 위해 범국가적 정책을 추진하고 있다. 디지털 모범 국가 비전을 바탕으로 인공지능 기술 혁신과 글로벌 거버넌스를 주도하는 것을 목표로, 다음과 같은 4대 핵심 과제를 추진 중이다.

- 국가 AI 컴퓨팅 인프라 확충: 국산 AI 반도체 생태계를 육성하고, 이를 글로벌 시장으로 확장하여 세계적인 경쟁력을 확보한다.
- 민간 부문 투자 확대: AI 반도체와 클라우드 분야에 대한 민간 투자를 유치하고, 세액 공제를 검토하며 대형 펀드를 조성한다.
- 국가 AI 전환 가속화: 공공 부문에서 95%, 기업 부문에서 70%의 AI 활용률을 목표로 하고 지방 디지털 경제를 활성화한다.
- AI 안전·안보 확보: 독자적인 경쟁력 확보를 위해 안전성과 보안을 강화하고 글로벌 리더십을 유지한다.

이를 위해 민관의 역량을 총결집할 '국가인공지능전략위원회'를 설치하여 컨트롤 타워 역할을 하도록 했다. 특히 국가 AI 역량을 강화하기 위해 AI 컴퓨팅 인프라 확충, 차세대 AI 모형 개발, AI 전환 가속화를 핵심 전략으로 추진하고 있다. 또한 AI 스타트업 육성을 통한 AI 활용 확산을 위해 분야별 AI 스타트업 역량 강화, 개방형 혁신을 통한 AI 수요 창출, AI 스타트업 지원 체계 강화를 도모하고 있다. 그리고 AI 데이터 확충 및 개발 확대를 위해 AI 개발을 촉진하는 고품질 데이터 제공 확대, 공공 부문 데이터 활용 여건의 획기적 개선, 데이터 활용 관련 법적 불확실성 해소 등에 힘쓰고 있다.

글로벌 기술 경쟁이 가속화되는 가운데, 정부는 이러한 변화 속에서 우리의 기술적 입지를 강화하기 위한 노력을 지속하고 있다. 인공지능은 지속 가능한 발전과 글로벌 문제 해결에 이바지할 수 있는 잠재력이 있지만, 윤리적 원칙을 기반으로 포용성과 공정성을 확보하여 신뢰를 구축하는 것이 무엇보다 중요하다. 앞으로 정부, 민간, 시민사회 간의 협력을 통해 사회적 선을 극대화하고, 이를 바탕으로 더 나은 미래를 만들어 나가야 할 것이다.

미래를 위해 무엇을 준비해야 할까

그렇다면 인공지능 시대를 살아갈 우리는 무엇을 준비해야 할까? 고령화와 함께 저성장의 늪에 빠져 있는 우리 사회의 경쟁력을 키우기 위해서는 무엇부터 시작해야 할까?

첫째, 우수한 인재들이 인공지능 분야에 뛰어들어 참신한 아이디어를 내고 결과를 만들기 위한 스타트업에 도전해보면 좋겠다. 인공지능은 아이디어만 있으면 큰 투자가 없더라도 결과를 낼 수 있다. 앞서 언급한 딥마인드에서는 10여 명의 의욕적인 인재들이 모여 재미있고 도전적인 인공지능의 주제를 탐구해 기술을 쌓았고 결국 구글에서 큰 투자를 받아 인공지능의 난제를 해결해냈다. 특히 이미 잘 알려진 방법을 사용해서 불가능할 것처럼 보였던 무한 공간에서의 의사결정 문제를 실제로 해결한 것은 되새겨 볼 만하다.

둘째, 대기업을 비롯한 여러 기업이 모든 인공지능 기술을 자체 개발하려고 하기보다는, 핵심 기술을 보유한 스타트업을 적극적으로 인수 · 합병하면서 빠른 시간 내에 필요한 기술을 확보해 경쟁력을 키우는 것이 필요하다. 폐쇄적인 시각에서 벗어나 기술 플랫폼을 공개하고 이를 통해 우수한 인재를 훈련시키고 발굴할 수 있는 전략도 필요하다. 최근 애플이나 구글, 마이크로소프트 등의 세계적인 IT기업들이 오픈소스를 내놓는 것은 인공지능처럼 어려운 기술의 발전은 독자적인 노력만으로 한계가 있다고 보기 때문이다.

셋째, 정부는 기술을 개발하고 상업화가 활발히 이뤄질 수 있는 법적 · 제도적 체제를 확립하고 유기적인 산업 생태계를 조성하는 데 힘써야 한다. 인공지능 기술 개발과 연구의 전반을 정부가 직접 끌고 가기보다는 민간에서 주도하기 어려운 표준 데이터베이스를 확보하거나 대용량 컴퓨팅 자원을 지원하는 것이 도움될 것이다. 특히 고가의 슈퍼컴퓨터를 보유할 수 없는 작은 기업이나 스타트업이 저렴한 비용으로 인공지능을 개발할 수 있도록 컴퓨팅 자원을 지원할 필요가 있다.

마지막으로 대학과 연구 기관에서는 인공지능을 이해하고 잘 다룰 수 있도록 기초 소양을 키우는 한편, 해당 분야의 핵심 기술을 확보하고 개발하는 전문 인력을 배출해야 한다. 특히 인공지능 시대에는 어떤 분야든 소프트웨어를 다루는 기술과 데이터를 분석하는 기술이 필수적인 능력이 될 것이기 때문에 체계적인 교육과 인재 양성을 준비해야 한다. 많은 나라가 이미 소프트웨어의 교육을 수학이나 과학처럼 기본 교과목으로 삼고 있다. 우리도 전통적인 교과목의 틀에 얽매이거나 입시로 향하는 획일적인 교육에 그치지 말고, 4차 산업혁명 시대의 주역을 키우기 위한 필수 교양으로서 소프트웨어 프로그래밍을 교육해야 한다.

인공지능 분야에서는 짧은 시간에 기술적 · 사업적인 성과를 올

오늘날 10대는 인공지능과 관련한 기술을 열린 마음으로 배우면서 인공지능
시대를 준비해야 한다.

리기 어렵다. 따라서 긴 안목으로 체계적인 지원과 노력이 지속되어야 한다. 세상을 놀라게 하고 있는 인공지능 기술의 성공에 힙입어 최근 우리 기업과 정부에서도 인공지능에 관심을 갖고 투자하려 움직이고 있다. 장기적인 관점에서 인력을 양성하고 지속적인 지원을 놓지 않아야 할 것이다.

그렇다면 10대들은 무엇을 할 수 있을까? 인문학적 소양이 필요하다고 아무리 강조해도 입시 준비에 여념이 없어 교양 서적 한 권 제대로 읽을 시간도 없는데 말이다. 그렇다 하더라도 시대의 변화에 관심을 가질 필요가 있다. 세상은 점점 빠르게 변화하고 있고 이에 적응하지 못하면 도태될 수밖에 없다. 최근 인공지능의 발전 속도는 매우 빠르기는 하지만, 다른 한편으로는 모든 내용을 공개하는 오픈소스의 시대이기도 하다. 딥러닝을 비롯해 다양한 인공지능 기술에 관한 아이디어는 물론 심지어 컴퓨터 코드까지도 인터넷을 통해 공개되고 있다. 오랜 기간 기술을 축적하는 조직만이 할 수 있던 일이 오픈소스를 통해 기술 민주화로 실현되고 있는 것이다. 청소년들은 이러한 환경을 십분 활용해야 한다. 그 속에서 최신 기술을 차곡차곡 습득하고 참신한 아이디어로 인공지능이 가지고 있는 무한한 가능성에 도전해야 한다.

 최근 불고 있는 인공지능의 열풍에 반가워하는 사람도 있지만 냉소적인 사람도 있는 듯하다. 어떤 사람은 인공지능 번역 프로그램의 한심한 번역에 실망해 인공지능의 가능성 자체를 부정하기도 한다.

인간이라면 누구나 쉽게 해내는 기본적인 행동에는 실로 많은 계산이 필요하다. 인간은 오랜 시간 진화를 거쳐 습득한 것으로 별다른 노력 없이 할 수 있지만 이를 인공적으로 구현하기는 매우 어렵다. 바둑과 같은 게임을 할 수 있는 기능은 인간의 진화 과정에서 보면 비교적 최근에 습득한 기능이기 때문에 인공적으로 구현할 수 있었다. 오히려 인간이 너무도 쉽게 할 수 있는, 얼굴을 보고 누구인지 아는 것이나 표정을 읽는 것은 여전히 인공지능 기술이 풀어야 할 숙제다. 언어도 마찬가지다. 언어가 인간의 진화 과정에서 꽤 오래 걸려 습득한 기능임을 떠올린다면 왜 인공지능 번역 프로그램이 아직 만족스

럽지 못한지 이해할 수 있을 것이다.

이와 같은 어려움을 극복하고 인공지능을 실현하기 위한 수많은 방법들이 고안되었다. 일부는 인간 수준에 다가간 것도 있고 일부는 여전히 장난감 문제에 머물러 있기도 하다. 다만 최근 하드웨어와 빅데이터의 괄목할 만한 발전에 힘입어 인공지능 기술도 점점 속도를 더할 것은 쉽게 예상할 수 있다.

인공지능은 우리의 일상과 산업 분야에 깊숙이 침투해 결국에는 인간이 하는 많은 일과 직업을 대체할 것이다. 18세기 산업혁명 이후 자동화는 인간의 직업을 꾸준히 대체해왔다. 인공지능은 이미 객관식 시험 답안을 채점하고 주차 관리를 하고 있다. 하지만 인공지능은 인간이 만든 도구에 불과하다. 그 도구를 어떻게 사용할지에는 보다 심도 깊은 논의가 필요하지만, 우선 해야 할 일은 인간의 삶을 더욱 행복하고 풍요롭게 할 강력한 인공지능 기술을 만들어내는 것이다.

그러면 어떻게 인공지능을 활용할 수 있을까? 먼저 단기적으로는 원래 인간이 잘하지 못하는 문제, 즉 많은 양의 데이터를 분석해 결론을 내리거나 판단하는 문제를 지치지 않고 편견 없이 푸는 인공지능 기술을 적극적으로 활용하는 것이다. 예를 들면 의학 분야에서의 치료, 법률 상담, 기후 예측, 교통 제어, 금융 투자 등에서 인공지능으로 인간의 의사결정을 도울 수 있을 것이다. 이때 생명이나 재산과 같은 민감한 사안에는 인공지능에 지나치게 의존하지 않도록 하는 장치를 마련해야 한다.

중기적으로는 인구 감소로 생기는 문제를 해결하는 도구로 활용하는 것이다. 일각에서는 인공지능이 일자리를 줄이는 문제를 심각하게 고민하고 있지만, 사실 노동 인구의 부족이 더 심각하다. 새로운 일자리를 창출하기 위해 기존 인력을 재교육하면서 부족한 노동력을 인공지능 자동화로 해결해야 한다. 인공지능이 일의 효율을 높여 여가 시간이 늘어나면 노동 가치도 올라가고 새로운 라이프 스타일이 가능하게 될 것이다.

장기적으로는 인공지능을 외로움을 이겨내는 동반자로 활용하는 것이다. 핵가족과 일인 가구가 많아지면서 고독과 소외감은 사회문제가 되었다. 일본을 비롯한 선진국에서는 이미 실버 세대의 심리적 안정을 위해 인공지능이 탑재된 로봇을 개발하고 있다. 인공지능을 효율성이나 생산성을 넘어 인간과 교감하면서 도움을 주는 방향으로 이용하자는 것이다. 나아가 인공지능 시스템이 사회의 구성원이 되어 건전한 사회를 만드는 동반자가 될 수 있다. 그리고 이 모든 변화는 결국 인간인 우리의 행복을 가져오는 하나의 방법이 될 것이다.

용어 설명

- A* 알고리즘(A* algorithm)

풀고자 하는 문제를 상태 공간으로 표현하고 현재 상태에서 목적 상태를 탐색하는
식으로 인공지능을 구현하는 탐색 기술에서 사용하는 방법. 현재 상태에서 목적
상태까지의 비용을 실제로 계산하는 것이 아니라 현재 상태에서 중간 상태까지의
실제 비용과 중간 상태에서 목적 상태까지의 추정 비용을 이용하여 탐색의 효율을
높이고자 하는 알고리즘이다. 이때 추정 비용을 계산하는 함수를 경험 함수라고
한다.

- LSTM(Long Short-Term Memory)

순환 신경망을 딥러닝으로 학습하는 데 적합한 신경 계산 모형. 기존 순환 신경망은
입력의 길이가 길어지면 순환 중에 이전에 저장한 값이 소멸되는 현상이 발생하는
데, LSTM은 이를 해결하기 위해 신경 노드 하나에 3개의 게이트(입력 게이트, 출
력 게이트, 망각 게이트)를 두고 기억해야 할 내용과 잊어야 할 내용을 자동으로 결
정한다.

- 게임트리(game tree)

게임에서 최적의 전략을 계산하기 위해서 내가 취할 수 있는 모든 수와 상대방이 취
할 수 있는 모든 수, 또 이 각각에 대해 내가 취할 수 있는 모든 수 등을 체계적으로
열거한 트리. 보통 이 트리의 경우의 수를 논리적으로 줄임으로써 효율적인 의사결
정을 할 수 있다.

• 경험 함수(heuristic function)

탐색 기술의 **A*** 알고리즘에서 중간 상태에서부터 목적 상태까지의 비용을 추정하는 함수. 풀고자 하는 문제에 따라 다양한 함수가 가능한데 최적을 보장하는 함수를 허용 가능(admissible)하다고 한다.

• 기계학습(machine learning)

데이터로부터 분류나 예측 모형을 귀납적으로 만드는 기술. 모형을 만들 때 사용하는 학습 데이터에 정답이 주어진 경우를 지도 학습이라 하고, 정답이 주어져 있지 않은 경우를 비지도 학습이라고 한다. 모형의 기본 형태에 따라 결정트리, **k**-최근접이웃, 신경망, **SVM** 등 다양한 방법이 존재힌다.

• 뉴런(neuron)

신경세포를 말하며, 보통 다른 뉴런으로부터 물질을 받는 수상돌기(dendrite)와 다른 뉴런으로 물질을 보내는 축삭(axon) 그리고 세포체로 구성된다. 다른 뉴런과의 접점을 시냅스(synapse)라고 하며 이의 특성에 따라 전달되는 물질의 양이 결정되는데, 물질을 세포체에 축적하다가 임계치를 넘으면 축삭으로 물질을 내보낸다. 인공 신경망에서는 이를 단순하게 가중치가 매겨진 외부 입력을 모두 합하여 비선형 함수에 의해 출력하는 함수로 구현한다.

• 데이터기반 방법론(data-driven approach)

인공지능을 구현하는 대표적인 방법으로 기계학습이라고도 한다. 풀고자 하는 문제의 사례에 해당하는 데이터로부터 해결 방안을 자동으로 만드는 방식이다.

- 도메인(domain)

  일반적으로 영역이라고 해석할 수 있는데, 인공지능에서는 해결하고자 하는 문제의 특수영역을 일컫는다. 보통 도메인이 정의된 문제를 해결하는 데는 일반적인 인공지능이 좋은 성능을 낸다고 알려져 있어 다양한 도메인의 전문가 시스템이 성공적으로 활용되고 있지만, 상식적인 문제의 해결을 위해서는 도메인이 특정될 수 없어 해결하기 어렵다고 알려져 있다.

- 딥러닝(deep learning)

  심층 신경망의 가중치를 자동으로 결정하는 학습 알고리즘. 다양한 방법이 시도되고 있으나 이 중 가장 대표적인 것으로 영상과 같은 정적패턴에 적합한 컨볼루션 신경망과 언어와 같은 동적패턴에 적합한 순환 신경망을 위한 학습 방법이 널리 사용된다.

- 레스넷(ResNet)

  신경망의 층을 늘리기 위해 현재 층 이전의 층에서부터 그 다음의 층으로 직접 연결하는 연결선을 추가한 컨볼루션 신경망의 일종. 신경망의 층이 깊어지면 앞 층의 값이 멀리 뒤에 있는 층까지 도달하지 못하는 경향이 있기 때문에 도중에 레스넷이 신호의 증폭기와 같은 역할을 한다고 볼 수 있다. 마이크로소프트 연구소에서 처음 개발하여 ImageNet 경진대회에서 큰 효과를 본 이후로 널리 사용되는 신경망 모형이다.

- 레이블(label)

  지도 학습 방식의 기계학습을 위해서는 학습 데이터의 결과 값이 정답으로 주어져
  야 하는데 이 결과 값을 레이블이라고 한다. 예를 들면 연봉과 주택 소유 여부 등을
  입력해 신용도(우수, 불량)를 예측하는 모형을 기계학습으로 만든다고 할 때 학습
  에 사용할 과거 데이터에 연봉, 주택 소유 여부 이외에 신용도가 함께 있는 경우에,
  신용도를 이 데이터의 레이블이라고 한다.

- 순환 신경망(Recurrent Neural Network)

  다층 신경망을 이용해서 시계열 데이터를 처리하기 위해서는 현재의 입력만이 아
  니라 과거의 입력 값을 같이 계산에 사용해야 하는데, 이를 구현하기 위해서 신경망
  의 중간층 노드에 이전 활성화 값이 반영되는 신경망. 보통 중간층 노드에 순환 연
  결을 붙여주는 구조로 구현한다.

- 신경망(neural network)

  신경세포의 연결로 이루어진 두뇌 구조를 모방하기 위해서 단순화된 신경 노드를
  대규모로 연결시킨 네트워크 구조. 외부에서 값이 들어오는 입력층과 외부로 값이
  나가는 출력층 그리고 그 사이의 노드로 이루어진 중간층과 같이 층으로 구성하는
  것이 일반적이다.

- 심층 강화학습(deep reinforcement learning)

  학습데이터의 레이블이 정확히 주어지지 않고 좋다/나쁘다, 잘했다/못했다 등의
  평가 값이 주어진 경우에 모형을 학습할 수 있는 방법이 강화학습인데, 이를 심층

신경망에 적용한 것을 일컫는다. 보통 로봇 제어나 의사결정의 문제에서 각 데이터의 정확한 결과 값이 레이블로 주어질 수 없는 경우, 최종적인 목적에 비추어 잘했다/못했다에 따라 보상(reward)과 처벌(punishment)을 해서 모형을 학습시킨다. 알파고로 유명한 딥마인드에서 개발한 방법으로 아케이드 게임을 자동으로 학습하는 문제에 성공적으로 적용했다.

• 심층 신경망(deep neural network)
입력층, 중간층, 출력층으로 이루어진 다층 신경망을 여러 개의 층으로 쌓은 신경망. 대표적으로는 컨볼루션 신경망(convolution neural network), 순환 신경망(recurrent neural network), 심층 믿음망(deep belief network), 쌓인 잡음제거 오토인코더(stacked denosing autoencoder) 등이 있다. 여러 개의 층을 쌓아 복잡한 입·출력 매핑 관계를 학습할 수 있게 되어 다양한 분야에서 혁신적인 결과를 내고 있다.

• 오픈소스(open source)
소프트웨어나 하드웨어 제작자의 권리를 지키면서 원시 코드를 누구나 열람할 수 있도록 한 소프트웨어나 오픈소스 라이선스에 준하는 모든 통칭을 일컫는다. 1998년 2월 3일에 넷스케이프 브라우저의 원시 코드에 대해 어떠한 형태로 공개할지 결정하는 전략회의에서 붙여진 새로운 용어라고 한다.

• 의미망(semantic net)
인공지능에서 지식표현의 한 형태로서, 개념을 나타내는 노드와 개념들 간의 의

미상의 관계를 나타내는 에지로 구성된 방향성 그래프. 의미망은 기계사전의 일반적 형태로 영어 단어 데이터베이스인 워드넷(WordNet)과 지식그래프가 대표적이다.

• 인간 커넥톰 프로젝트(Human Connectome Project)
커넥톰은 뇌 속에 있는 신경세포들의 연결을 종합적으로 표현한 뇌지도. 일종의 뇌회로도라고 할 수 있는데 예쁜꼬마선충과 쥐 망막의 일부를 해독해내는 데 성공했다. 인간 커넥톰 프로젝트는 사람 뇌의 모든 연결망을 그려내는 것으로 건강한 성인 뇌의 연결 구조를 밝혀내는 데 집중하고 있다.

• 인셉션 모듈(inception module)
컨볼루션 신경망의 성능을 향상시키는 방법으로 컨볼루션 필터의 층을 그냥 쌓는 것이 아니라, 1×1, 3×3, 5×5 등의 필터를 모듈로 만들어서 이 모듈들을 층으로 쌓는 방식. 구글에서 개발하여 ImageNet 경진대회에서 큰 효과를 본 이후로 많은 연구자들이 변형 및 개선하여 사용하고 있다.

• 지식기반 방법론(knowledge-based approach)
인공지능을 구현하는 전통적인 방법으로 문제를 해결하는 데 필요한 지식을 잘 설계하거나 추출한 후, 추론 엔진을 통해 결과를 도출하는 방식. 다양한 지식표현 방법과 추론 방법이 개발되어 충분한 지식이 주어질 경우 효과적인 방법으로 알려져 있다. 지식이 잘 정리될 수 있는 분야에서는 신속하게 시스템을 구현할 수 있는 장점이 있는 반면, 예외적인 상황에서 제대로 작동하지 못하는 문제가 있다.

- **컨볼루션 신경망**(Convolutional Neural Network)

영상인식을 위한 심층 신경망으로 잘 알려진 방법으로 학습에 의해 자동으로 결정된 다양한 컨볼루션 필터를 층으로 쌓아 주어진 영상을 인식하는 데 필요한 특징을 자동으로 추출한다. 후쿠시마 쿠니히코(Fukushima Kunihiko)의 신인식기(Neo-cognitron)와 얀 르쿤(Yann LeCun)의 LeNet을 기반으로 하며, 영상인식에서 탁월한 성능을 내는 것으로 알려진 대표적인 심층 신경망 모형이다.

- **퍼지 논리**(fuzzy logic)

인간의 논리와 추론 과정의 애매함을 수리적으로 표현해서 해결하고자 한 논리체계. 인간이 추론할 때 사용하는 언어적 어휘표현을 수리적으로 사용하기 위해 소속 함수의 개념을 도입하고 이를 규칙과 추론으로 확장한다. 1965년 로트피 자데(Lotfi Asker Zadeh)에 의해 처음 발표된 이후, 다양한 수학분야에 확장되기도 하고 가전제품을 포함한 여러 응용분야에서 널리 활용하고 있다.

- **휴리스틱**(heuristic)

탐색 알고리즘의 추정비용을 계산하는 데 사용되는 경험 값. 문제에 따라 다양한 휴리스틱이 가능한데 최적 값을 보장하기 위해서는 허용 가능한(admissible) 조건을 만족해야 한다.

21쪽 Kanijoman/flickr, 24쪽[1] ⓒShutterstock, 24쪽[2] ⓒShutterstock, 24쪽[3] Charles Haynes/Wikimedia Commons, 25쪽[1] Steve Jurvetson/Wikimedia Commons, 25쪽[2] DFID/Wikimedia Commons, 33쪽ⓒShutterstock, 35쪽ⓒShutterstock, 36쪽ⓒhellophoto, 39쪽 Atomic Taco/Wikimedia Commons, 44쪽ⓒhellophoto, 53쪽ⓒShutterstock, 55쪽 DeFacto/Wikimedia Commons, 66쪽ⓒShutterstock, 71쪽 ⓒShutterstock, 86쪽[1] ⓒShutterstock, 86쪽[2] ⓒShutterstock, 89쪽 Maurizio Pesce/flickr, 91쪽ⓒShutterstock, 98쪽 Wikimedia Commons, 103쪽ⓒShutterstock, 105쪽ⓒShutterstock, 110쪽 Grendelkhan/Wikimedia Commons, 115쪽ⓒShutterstock, 135쪽ⓒShutterstock, 136쪽 null0/Wikimedia Commons, 141쪽ⓒShutterstock

찾아보기

10대에게 들려주는 인공지능 이야기
왜 인공지능이 문제일까?

초판 1쇄 인쇄 · 2026. 2. 25.
초판 1쇄 발행 · 2026. 3. 10.
—

지은이　조성배
발행인　이상용, 이성훈
발행처　청아출판사
출판등록　1979. 11. 13. 제9-84호
주소　경기도 파주시 회동길 363-15
대표전화　031-955-6031 팩스 031-955-6036
전자우편　chungabook@naver.com
—

ⓒ 조성배, 2026
ISBN 978-89-368-1270-6　43300
—

이 책은 《왜 인공지능이 문제일까?》의 내용을 보완하여 재출간한 것입니다.